Michael Abbate

Klassifikation von Portal und Community Sites

Michael Abbate

Klassifikation von Portal und Community Sites

Diplom.de

Bibliografische Information der Deutschen Nationalbibliothek:

Bibliografische Information der Deutschen Nationalbibliothek: Die Deutsche Bibliothek verzeichnet diese Publikation in der Deutschen Nationalbibliografie; detaillierte bibliografische Daten sind im Internet über http://dnb.d-nb.de/ abrufbar.

Copyright © 1999 Diplomica Verlag GmbH
Druck und Bindung: Books on Demand GmbH, Norderstedt Germany
ISBN: 978-3-8386-1923-1

http://www.diplom.de/e-book/217771/klassifikation-von-portal-und-community-sites

Michael Abbate

Klassifikation von Portal und Community Sites

Diplomarbeit
an der Bayerischen Julius-Maximilians-Universität Würzburg
Prüfer Prof. Dr. Rainer Thome
Lehrstuhl für Betriebswirtschaftslehre und Wirtschaftsinformatik
Oktober 1999 Abgabe

Diplomarbeiten Agentur
Dipl. Kfm. Dipl. Hdl. Björn Bedey
Dipl. Wi.-Ing. Martin Haschke
und Guido Meyer GbR

Hermannstal 119 k
22119 Hamburg

agentur@diplom.de
www.diplom.de

ID 1923
Abbate, Michael: Klassifikation von Portal und Community Sites / Michael Abbate -
Hamburg: Diplomarbeiten Agentur, 1999
Zugl.: Würzburg, Universität, Diplom, 1999

Dipl. Kfm. Dipl. Hdl. Björn Bedey, Dipl. Wi.-Ing. Martin Haschke & Guido Meyer GbR
Diplomarbeiten Agentur, http://www.diplom.de, Hamburg
Printed in Germany

Diplomarbeiten Agentur

Wissensquellen gewinnbringend nutzen

Qualität, Praxisrelevanz und Aktualität zeichnen unsere Studien aus. Wir bieten Ihnen im Auftrag unserer Autorinnen und Autoren Wirtschafts·studien und wissenschaftliche Abschlussarbeiten – Dissertationen, Diplomarbeiten, Magisterarbeiten, Staatsexamensarbeiten und Studien·arbeiten zum Kauf. Sie wurden an deutschen Universitäten, Fachhoch·schulen, Akademien oder vergleichbaren Institutionen der Europäischen Union geschrieben. Der Notendurchschnitt liegt bei 1,5.

Wettbewerbsvorteile verschaffen – Vergleichen Sie den Preis unserer Studien mit den Honoraren externer Berater. Um dieses Wissen selbst zusammenzutragen, müssten Sie viel Zeit und Geld aufbringen.

http://www.diplom.de bietet Ihnen unser vollständiges Lieferprogramm mit mehreren tausend Studien im Internet. Neben dem Online-Katalog und der Online-Suchmaschine für Ihre Recherche steht Ihnen auch eine Online-Bestellfunktion zur Verfügung. Inhaltliche Zusammenfassungen und Inhaltsverzeichnisse zu jeder Studie sind im Internet einsehbar.

Individueller Service – Gerne senden wir Ihnen auch unseren Papier·katalog zu. Bitte fordern Sie Ihr individuelles Exemplar bei uns an. Für Fragen, Anregungen und individuelle Anfragen stehen wir Ihnen gerne zur Verfügung. Wir freuen uns auf eine gute Zusammenarbeit

Ihr Team der *Diplomarbeiten* Agentur

Dipl. Kfm. Dipl. Hdl. Björn Bedey —
Dipl. Wi.-Ing. Martin Haschke ——
und Guido Meyer GbR ———

Hermannstal 119 k ———
22119 Hamburg ———

Fon: 040 / 655 99 20 ———
Fax: 040 / 655 99 222 ———

agentur@diplom.de ———
www.diplom.de ———

Inhaltsverzeichnis

1 Konzentrationen im World Wide Web

Die Kommunikationstechnik von heute ermöglicht es den Menschen, Informationen weltweit schnell auszutauschen und abzufragen. Seit das Internet in den 90ern seinen Durchbruch erreichte, verbindet es mit seinen Diensten die fünf Kontinente der Erde. Dieses hoch segmentierte Netz ist eine auf dem Client-Server-Prinzip basierende Telekommunikationsnetzinfrastruktur, die aufgrund der Verwendung eines Protokollstandards eine weltweite Integration ermöglicht [HEIL99, S. 86]. Neben einer Vielzahl von Anwendungen wurde besonders mit dem auf dem Internet basierenden multimedialen World Wide Web (WWW) ein universeller, auf offenen Standards aufgebauter Dienst geschaffen, der die Integration der Medienformen Text, Ton und (Bewegt-) Bild ermöglicht.

Jeden Tag erscheinen neue Statistiken und Prognosen über die Zahl der Internetbenutzer heute und in der Zukunft. Diese Statistiken können allerdings in einem derart dynamischen Umfeld wie dem Internet nur ein ungenaues Abbild der Verbreitung von Internetanwendungen bieten und sind nicht in der Lage, den Entwicklungsablauf im Detail zu erfassen. Aus diesem Grund erscheint ein Zahlengebilde ohne wesentliche Aussagekraft nicht sinnvoll, da jede in der Öffentlichkeit verbreitete Zahl eine Prognose ist und einer subjektiven Einschätzung des jeweiligen Verfassers unterliegt [O.V.99a]. Unverkennbar ist jedoch das starke Wachstum und die damit verbundene Ausweitung globaler Kommunikation mittels dem WWW, welches die Anwendung des Internets mit dem höchsten Zuwachs darstellt und durch seine Offenheit und Einheitlichkeit zur globalen Informationsdrehscheibe wurde [BERN98, S. 214f.].

Diese Expansion erweckt den Anschein, sich unkontrolliert in alle nur erdenklichen Bereiche zu entwickeln. Im Laufe der Zeit erfolgte jedoch eine Konzentration und es bildeten sich Schwerpunkte im WWW heraus: Portal und Community Sites.

Deren Anziehungskraft blieb auch der Geschäftswelt nicht verborgen, so daß beispielsweise Werbebanner auf Portalseiten inzwischen eine kostspielige Marketingmaßnahme sind. Die Attraktivität von virtuellen Gemeinschaften läßt einzelne Unternehmen dazu übergehen, ihre Produkte oder Dienstleistungen zu Gegenständen von Community Sites werden zu lassen.

1.1 Begriff der Portal Site

Eine große Anzahl von WWW-Seiten wird überdurchschnittlich oft von den An-
wendern zu Beginn ihres Internetaufenthaltes aufgesucht und veranlaßt sie, aufgrund
von mehrwertschaffenden Funktionen länger dort zu verweilen. Diese Seiten im
WWW werden Portal Sites genannt und sind zentrale Einstiegsseiten, die ein
Verzeichnis von verschiedenen Inhalten und ein umfangreiches Angebot an
Internetdiensten, wie zum Beispiel Elektronische Post (Electronic-Mail; E-Mail),
Nachrichten, Diskussionsforen, Börsenkurse oder auch Einkaufsmöglichkeiten zur
Verfügung stellen [HU98]. Aufgrund ihres frei zugänglichen Serviceangebotes
ziehen diese Portale eine große Zahl von Internetbenutzern an und werden von
diesen regelmäßig erneut aufgesucht. Die Portal Sites können sowohl das eigentliche
Ziel des Anwenders sein, wenn die gewünschte Information unmittelbar von ihnen
angeboten wird, als auch ein Eingangstor ins WWW darstellen, wenn auf andere
Seiten im Web verwiesen wird [LAMM99, S. 3].

1.2 Begriff der Community Site

Community Sites im Umfeld des WWW sind virtuelle Gemeinschaften, in denen
sich registrierte Benutzer aufgrund gemeinsamer Interessen auf bestimmten Web-
Seiten zusammenfinden. In diesen elektronischen Foren treffen ähnliche Bedürfnisse
bezüglich eines Interessengebietes direkt aufeinander, und es entstehen persönliche
Beziehungen sowie ein Gemeinschaftsgefühl zwischen den registrierten Mitgliedern
im Cyberspace [RHEI99]. Der Schwerpunkt liegt auf dem Austausch von
Informationen und je nach wirtschaftlicher Ausrichtung der Community werden
ebenfalls Transaktionen getätigt [HEIL99, S. 230f.]. Wichtigstes Merkmal einer
Community Site ist die interaktive Kommunikation der Gleichgesinnten in ihrer
Gemeinschaft untereinander. Dies bedeutet, daß ein direkter Eingriff des Mitglieds in
den Informationsablauf durch selbst bestimmte Aktionen erfolgen kann.

Die Community Sites erfreuen sich großer Beliebtheit, da sie ein persönliches Flair
in das WWW bringen und die Anwender zu längeren Aufenthalten in der virtuellen
Welt animieren.

1.3 Ziel der Arbeit

Die globale Verbreitung, das unendlich anmutende Angebot an Web-Seiten und die darin enthaltenen Informationen des WWW, sind von großer Anziehungskraft für private und geschäftliche Anwender. Besonders auf der Anbieterseite gibt es Bemühungen, möglichst viele Besucher auf der eigenen Homepage zu verzeichnen. Dieser Drang nach Besucherfrequenz hat die Portale und virtuellen Gemeinschaften zu einem zentralen Punkt in den Medien und in den Vertriebsstrategien vieler Hersteller und Anbieter von Produkten beziehungsweise Dienstleistungen werden lassen. Somit verwundert es nicht, daß sich tagtäglich zahlreiche Veröffentlichungen mit diesen neuen Methoden der öffentlichen Präsenz beschäftigen und diese bewerten.

Die Bewertung der Sites gestaltet sich allerdings schwierig, da die Dynamik in diesem globalen Netz die Rahmenbedingungen für eine objektive Beurteilung ständig verändert. Die Aufgabe, Entwicklungen und Trends zu untersuchen, läßt sich am ehesten lösen, wenn der Bereich der Untersuchung bereits gut etabliert und relativ stabil ist. Wenn der Gegenstand der Studie eine aufstrebende und sich schnell entwickelnde Welt neuer Technologien ist, wird die Feststellung von Entwicklungen und Trends wesentlich schwieriger. Diese Schwierigkeit wird durch die geringe Menge an seriöser Literatur vergrößert. Stark voneinander abweichende Meinungen und Standpunkte sind die Folge. Auf der einen Seite wird der Portalgedanke als reine Modeerscheinung gesehen [DVOR98], während ihm auf der anderen Seite eine zentrale Position in der Zukunft des WWW eingeräumt wird [BAGE98, S. 16]. Unbestritten ist dagegen die Idee, eine vertraute Umgebung durch Communities zu schaffen. Das Bilden von sozialen Kontakten ist für viele Anwender attraktiv, aber auch die Geschäftswelt sieht ein hohes Kundenbindungspotential und die Möglichkeit der strategischen Ausrichtung ihres Vertriebs durch virtuelle Gemeinschaften.

Ziel der vorliegenden Arbeit ist es, die im WWW vorhandenen Portal und Community Sites zu klassifizieren, ihren Nutzen für den Anwender aufzuzeigen und sie in Bezug auf Transaktionsbeziehungen betriebswirtschaftlich zu analysieren.

Ein zentrales Problem bei der Erstellung der Arbeit stellte der stetige Wandel und der frühe Entwicklungsstand von Portal und Community Sites dar. Das dynamische WWW-Umfeld erfordert von allen Teilnehmern die Bereitschaft, sich neuen

Gegebenheiten und Strukturen schnell anzupassen und diese in ihren Strategien zu berücksichtigen.

1.4 Aufbau der Arbeit

Kapitel 1 grenzt das Thema begrifflich und inhaltlich ab und verdeutlicht den Bedarf an Portal und Community Sites im WWW. Kapitel 2 zeigt mit einem kurzen Rückblick den Ursprung und die Informationstiefe von Portal Sites auf. Nach Klärung der Ausrichtung von Portalen, verschafft eine anschließende Klassifikation einen Überblick über die verschiedenen Kategorien dieser Web-Seiten. Die Analyse der geographischen Reichweite und die Einnahmequellen schließen den Punkt 2 ab.

Kapitel 3 beschäftigt sich nach einem historischen Rückblick mit der Klärung der kommerziellen Ausrichtung von Community Sites. Die Klassifikation von Community Sites erfolgt in Form einer Aufteilung in den konsumenten- und unternehmensorientierten Bereich. Die Einnahmequellen von Communities weisen ein breiteres Spektrum als die der Portale auf.

Der Einfluß von Portal und Community Sites im WWW auf die Transaktionsbeziehungen ist Gegenstand des Kapitels 4. Die von den Unternehmen verfolgten Geschäftsmodelle unterliegen einem Wandel und haben wirtschaftliche Auswirkungen nicht nur auf den gewerblichen Handel zwischen Unternehmen (Business-to-Business), sondern auch auf die Beziehungen zwischen Unternehmen und privaten Konsumenten (Business-to-Consumer), zwischen privaten Konsumenten untereinander (Consumer-to-Consumer) und zwischen privaten Konsumenten und Unternehmen (Consumer-to-Business).

Kapitel 5 enthält eine betriebswirtschaftliche Evaluierung von Portal und Community Sites und widmet sich der Bedeutung und der Entwicklung der jeweiligen Sites. Eine kritische Betrachtung zeigt die Folgen wirtschaftlicher Konzentrationen im WWW auf und stellt die dominierende Rolle von Portalen und Communities zur Diskussion. Kapitel 6 faßt die Ergebnisse dieser Arbeit zusammen.

Die unterschiedlichen Intentionen, Eigenschaften und Wesensmerkmale von Portal und Community Sites erfordern eine getrennte Klassifikation in den Kapiteln

2 und 3. Die Auswirkungen auf die Transaktionsbeziehungen und die betriebswirtschaftliche Evaluierung erfolgen dagegen unter gemeinsamen Gesichtspunkten in
den Kapiteln 4 und 5, da eine Überschneidung in den meisten Fällen vorliegt.
Abbildung 1.1 veranschaulicht die verschiedenen Sichtweisen.

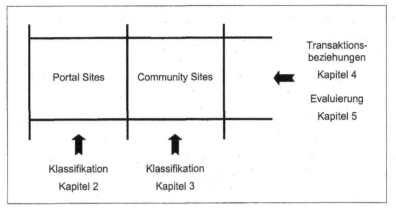

Abbildung 1.1: Betrachtungsweisen der Arbeit auf Portal und Community Sites.

1.5 Irrgarten World Wide Web

Die Attraktivität der weltweiten Vernetzung hat zu einem Angebot an Web-Seiten
geführt, das eine Informationsüberflutung zur Folge hat. Dabei ist die Vielfalt des
Informationsmediums nicht das eigentliche Problem, da jeder Nutzer eine andere
Vorstellung von wertvollen oder unnützen Daten hat. Dies ändert jedoch nichts an
der Tatsache, daß der Anwender schnell die Orientierung in dem komplexen System
von Inhalten und weiterführenden Links verliert und sich seiner relativen Position
nicht mehr bewußt ist. Es fehlt ihm das Verständnis für Zusammenhänge auf lokaler
beziehungsweise globaler Ebene und es mangelt ihm außerdem an Navigationshilfen.

Die große Auswahl an Web-Seiten und das damit verbundene Informationspotential
führte nicht zu einem besseren Überblick, sondern im Gegenteil zu einer niedrigeren
Markttransparenz. Dies bedeutet für den Nutzer des schwach organisierten elektronischen Marktes WWW [HEIL99, S. 137], daß sich ein möglicher Vorteil der
globalen Recherche nach Informationen durch Suchkosten reduziert oder sogar ganz
aufhebt. Auf der anderen Seite ist es für transaktionssuchende Unternehmen schwie-

rig, potentielle Kunden auf Offerten aufmerksam zu machen. Dies verursacht erhebliche Werbeausgaben [HEIL99, S. 64].

Durch die Eigenschaft, WWW-Nutzer für ihre Web-Seiten zu interessieren und die Komplexität des Massenmarktes zu reduzieren, gewinnen Portal und Community Sites zunehmend an Bedeutung im Umgang mit diesem neuen Medium. Sie tauchen in einer Vielzahl von Ausprägungen auf und erfreuen sich großer Beliebtheit bei den Anwendern. Verstärkt wird diese Bedeutung durch die stetig steigende Anzahl von WWW-Benutzern. Wird den Statistiken Glauben geschenkt, so müßte alleine in Deutschland im Jahre 2003 jeder zweite Bundesbürger über einen Internetanschluß verfügen [O.V.99b]. Im Jahre 2007 könnten in den stärker entwickelten Ländern Europas 70 % der Haushalte bereits online sein. Die USA wird mit einer noch größeren Wachstumsrate bewertet, da die Verbreitung von PCs in amerikanischen Haushalten höher ist, als in anderen Ländern der Welt [LAMM99, S. 2f.].

Diese Schätzungen sind mit Unsicherheiten behaftet, wenngleich das Potential des Internets und der damit verbundenen Dienste außer Frage steht. Der Verkehr im globalen Netz wird in den kommenden Jahren einen sehr starken Zuwachs erfahren.

Durch die Bündelung von Informationen und Daten versuchen Portal und Community Sites einen Überblick beziehungsweise das Auffinden und die Bewertung von Angeboten zu vereinfachen. Die Realisierung dieser Ziele hängt von verschiedenen Funktionen ab. Primäres Ziel ist der Abbau der Komplexität, der durch Errichtung von Indizes erfolgen kann. Eine Strukturierung der Informations- und Transaktionsangebote in für Anwender überschaubare Segmente und Kategorien ist ein erster Schritt für mehr Transparenz. Um eine Attraktivität der Web-Seite zu gewährleisten, ist die regelmäßige Aktualisierung der Inhalte von großer Bedeutung. Auch das Aufrechterhalten eines beständigen Qualitätsniveaus darf nicht unterschätzt werden. Eine weitere zentrale Funktion kommt der Anbahnung von Transaktionen zu. Die zunehmende Zahl von Marktteilnehmern und damit verbunden der Zuwachs an Angeboten, läßt neue Intermediäre entstehen, die zwischen Anbieter und Nachfrager im WWW vermitteln. Diesen Anforderungen versuchen Portal und Community Sites gerecht zu werden. Die große Nachfrage nach deren Diensten macht den Bedarf dieser Orientierungshilfen deutlich.

2 Portale

Bereits in kürzester Zeit, nachdem das WWW seine Position in der zwischen-menschlichen Kommunikation eingenommen hatte, erfreuten sich einige Web-Seiten großer Beliebtheit und wurden in regelmäßigen Abständen von vielen Usern aufgesucht. Diese hochfrequentierten Angebote werden als Portal Sites bezeichnet und finden sich regelmäßig auf den vorderen Plätzen von Ranglisten vieler Veröffentlichungen (siehe zum Beispiel < http://www.hot100.com/ >).

Eine Portal Site lockt mit einem speziellen Angebot an Diensten und Zusatz-leistungen eine große Anzahl von Internetbenutzern an, mit der Intention, die Bedürfnisse möglichst vieler Besucher abzudecken. Durch eine adäquate Versorgung mit der gewünschten, offen zugänglichen Information will die Portal Site zu einem Ausgangspunkt eines jeden Internetbesuches werden und den Anwender immer wieder auf die eigene Web-Seite bringen [LAMM99, S. 3]. Kapitel 2.1 beleuchtet kurz den historischen Hintergrund und Kapitel 2.2 geht auf die Informationstiefe von Portal Sites ein. Die Migration von vertikaler zu horizontaler Ausrichtung ist Gegenstand von Punkt 2.3 und beinhaltet die Klassifikation von Portalen im WWW. In Kapitel 2.4 wird die geographische Reichweite abgesteckt. Kapitel 2.5 analysiert die Einnahmequellen von Portal Sites.

2.1 Ursprung von Portal Sites

Die hohe Anzahl an Angeboten im WWW überforderte in nur kurzer Zeit viele Anwender und konfrontierte sie mit einer Unmenge von Adressen und Informa-tionen. Den Nutzern fehlte ein Startpunkt für ihre Recherche. Die kryptischen Adres-sen, die eine gewünschte Information enthalten können, lassen sich nur schwer finden, merken oder sind in den wenigsten Fällen zur Hand.

Abhilfe schafften Web-Kataloge und Suchmaschinen. In diesen wurden einzelne Seiten bewertet und thematisch gegliedert in Verzeichnissen angelegt. Die kostenlose Verwendung dieser Suchhilfen lockte kontinuierlich immer mehr Anwender an, die damit eine Navigationshilfe durch den Datendschungel geboten bekamen und bald diesen Service zu schätzen wußten [KURI99, S. 122f.]. Lediglich Suchfunktionen anzubieten reichte mit der Zeit nicht mehr aus und es kamen weitere Dienste hinzu. Versehen mit diesen Zusatzdiensten sollen die Suchseiten zu einem zentralen

Anlaufpunkt und damit zu einem Portal für möglichst viele User werden. Der Ursprung von Portal Sites liegt also in der Suchfunktion. Neben den Suchportalen entwickelten aber auch andere Web-Seiten eine große Anziehungskraft und weisen eine hohe Besucherfrequenz auf (siehe Kapitel 2.3).

2.2 Informationstiefe

Die auf den Portal Sites enthaltenen Inhalte und Daten unterscheiden sich bezüglich ihrer Informationstiefe. Sie lassen sich aufgrund ihres informativen Grades in die Kategorien

- überblickverschaffend,

- themenspezifisch und

- hochspezifisch einteilen.

Zu den überblickverschaffenden Portal Sites gehören Kataloge, Suchmaschinen und Indizes. Diese Sites beschränken sich nicht auf einen speziellen Themenschwerpunkt oder ein spezielles Interessengebiet. Der Anwender erhält eine Übersicht über ein breites Spektrum und bekommt Hinweise auf andere Informationsquellen beziehungsweise wird zu diesen weitergeführt. Themenspezifische Sites haben ein bestimmtes Thema oder Interesse als Mittelpunkt ihrer Web-Aktivitäten, wie zum Beispiel Computer, und sammeln Inhalte und Infotainment, die zu diesem Schwerpunkt passen oder mit diesem in Zusammenhang gebracht werden können. Hochspezifische Portal Sites beschäftigen sich häufig mit einem einzigen Aspekt eines Themas, wie beispielsweise Hardwarekomponenten. Die sehr ins Detail gehenden Informationen sind für ein Publikum gedacht, das sich sehr gut mit der betreffenden Materie auskennt und über entsprechende Fachkenntnis verfügt.

Eine strikte Einteilung von Portal Sites in diese drei Kategorien ist in der Praxis nicht immer möglich. Verantwortlich für diese unpräzise Einordnung und die fließenden Übergänge der Kategorien ist der zunehmend kostengünstiger werdende Einsatz von Speicherplatz. Die technische Entwicklung von Speicherkapazitäten ist derart vorangeschritten, daß die Verfügbarkeit von Speicherplatz zu einer zu vernachlässigenden Größe geworden ist. Die Folge ist, daß auch überblickverschaffende Portal Sites mittlerweile auf Themenschwerpunkte ausführlich eingehen können, und themenspezifische Sites einen hohen Grad an Spezifität aufweisen.

2.3 Vertikale und horizontale Ausrichtung

Web-Seiten mit einer inhaltlich tiefen Konzentration auf ein spezielles Themen-
gebiet sind häufig ein Startpunkt im Netz. Diese Konzentration mündet in vertikale
Portal Sites, die einen eng konzentrierten Themenbereich für ein bestimmtes
Publikum abdecken und weiterhin versuchen, alle Informationen beziehungsweise
Handlungsmöglichkeiten bezüglich eines Interessenschwerpunktes zu liefern
[LYNC98] (siehe Anhang Seite 105, Abbildungen 1 und 2).

Die Dynamik des WWW unterzog die vertikalen Portale einem stetigen Wandel, und
das Ziel, den maximalen Besucherstrom zu verzeichnen, läßt das Portfolio an
Diensten innerhalb eines Portals kontinuierlich wachsen. Klassisches Beispiel sind
die Suchmaschinen und Web-Kataloge, die zu Beginn ihrer Tätigkeit eine reine
Suchfunktion hatten. Werden heute diese Sucheinrichtungen in Anspruch genommen, ist das Suchen oft nur noch ein Überbleibsel aus vergangenen Tagen und spielt
eine eher untergeordnete Rolle. Eine Betrachtung des Portals Yahoo! (< http://www.
yahoo.com/ >) zeigt diese Entwicklung deutlich auf.

Zu Beginn seiner Geschäftstätigkeit war Yahoo! ein Web-Katalog, der sehr schnell
erkannte, daß die Sicherung hoher Besucherströme zusätzliches Infotainment erfordert. Die vertikale Ausrichtung wurde durch eine breite, horizontale Gewichtung
ersetzt, denn das Suchen in den thematisch geordneten Verzeichnissen als einziger
Besuchermagnet reichte nicht mehr aus [GANG99, S. 72]. Der Anwender von heute
kann bei der Benutzung dieses Massenmarktportals eine Vielzahl von Diensten in
Anspruch nehmen (siehe Anhang S. 106, Abbildung 3):

- Yahoo! News   (Nachrichten aus aller Welt),

- Yahoo! Finance   (Finanznachrichten, Börsendaten),

- Yahoo! Mail   (kostenloses E-Mail-Postfach),

- Yahoo! Clubs   (virtuelle Communities),

- My Yahoo!   (individualisierte Homepage),

- Yahoo! Shopping   (Einkaufsmöglichkeiten),

- Yahoo! Auctions   (virtuelle Auktionen) etc.

Als weitere Beispiele horizontaler Ausrichtung können der Online-Dienst America Online (AOL.COM, < http://www.aol.com/ >), der amerikanische Softwareanbieter Netscape mit seinem Netcenter (< http://www.netcenter.com/ >) und die Suchmaschine Excite (< http://www.excite.com/ >) genannt werden, die zu Beginn ihrer Tätigkeit auf ein bestimmtes Themengebiet spezialisiert waren und mittlerweile ebenfalls über ähnliche Offerten wie Yahoo! verfügen (siehe Anhang S. 106f., Abbildungen 3-6). Ziel der horizontalen Portal Sites ist, für die Anwender immer wieder als Startpunkt im Web attraktiv zu sein, zu einer Einstiegsseite zu werden und den User zum Verweilen auf den Portalseiten zu animieren. Die ständige Erweiterung von Diensten und Angeboten soll diese Zielsetzung erreichen und einen Großteil der Anwenderwünsche abdecken [KURI99, S. 122]. Der Wettbewerbsdruck unter den Anbietern von Portal Sites fördert die Implementierung neuer Aktionsmöglichkeiten zusätzlich.

Die horizontale Ausrichtung hat Vorteile gegenüber der vertikalen, weil

- ein breites und zugleich tief aufgebautes Sortiment,

- die Beschaffung von Massenprodukten und Spezialitäten aus einer Hand und

- der direkte Vergleich verschiedener Alternativen möglich ist [HEIL99, S. 222].

Horizontale Portal Sites fokussieren nicht nur einen speziellen Themenbereich, sondern versuchen, eine Vielzahl an Kategorien zu betreiben, die das Interesse der Anwender befriedigen. Abbildung 2.1 verdeutlicht diesen Zusammenhang.

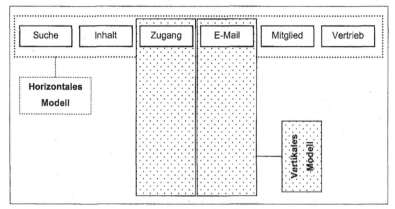

Abbildung 2.1: Horizontales und vertikales Portalmodell, in Anlehnung an [LAMM99, S. 21].

Probleme bestehen bei horizontaler Gewichtung jedoch in der Abdeckung von Marktsegmenten, da ein durch das horizontale Portal nicht abgedecktes Segment dessen Kompetenz in Frage stellt. Dies kann zu einem Abwandern von Nutzern führen, indem diese ein anderes Portal aufsuchen, das den fehlenden Informationsbedarf deckt [HEIL99, S. 222].

Das erweiterte Infotainment muß nicht immer von den horizontalen Portal Sites selbst erstellt und gesammelt werden. Das Portal AOL.COM zum Beispiel vermittelt die Hälfte seiner Links im AOL-Sportbereich direkt an die auf Sport spezialisierten Seiten von CBS.SportsLine.com (< http://www.sportsline.com/ >) [LEVY99, S. 75]. Diese Art von Kooperation zwischen horizontalen und vertikalen Portalen findet sich besonders im Handelssektor. Der Spielwarenspezialist eToys (< http://www. etoys.com/ >) hat gefestigte Partnerschaften mit vielen Massenmarktportalen wie Yahoo!, AOL.COM, Excite, Netcenter, Lycos (< http://www.lycos.com/ >) und Infoseek (< http://infoseek.go.com/ >), die ihrerseits Anfragen bezüglich Spielwaren weiterleiten [SOOD99, S. 57]. Aus dieser gegenseitigen Förderung wird ersichtlich, daß die horizontalen Portale ihre Attraktivität mittels erweitertem Angebot erhöhen, Einsparungspotentiale realisieren und dem Anwender gegenüber Kompetenz durch Markt- und Nutzernähe suggerieren. Die auf Transaktionen ausgerichteten vertikalen Portale verzeichnen im Gegenzug steigende Besucherzahlen aufgrund der Weiterleitung [SCHR98, S. 78].

Eine eindeutige Aussage, ob eine vertikale oder horizontale Ausrichtung vom jeweiligen Portal angestrebt wird, ist nur schwer zu treffen, da die Portale, bedingt durch den dynamischen Fortschritt beziehungsweise Wettbewerb im WWW, ihre Strategie und Präsenz einem fortlaufenden Wandel unterziehen müssen. Das breite Angebot zahlreicher Portale würde eine Zuteilung in mehrere Kategorien zulassen, weil eine klare Trennung, beziehungsweise die Festlegung auf einen einzelnen Schwerpunkt, aufgrund fließender Übergänge heute nicht mehr möglich ist. Aus diesem Grund ist in der folgenden Klassifizierung die ursprüngliche Tätigkeit der Portal Site der wesentliche Betrachtungsgegenstand. Der fließende Übergang hat für die im Folgenden klassifizierten Portal Sites zur Konsequenz, daß deren Einteilung in Klassen ein historischer Rückblick sein kann. Die Übersichtlichkeit einer wissenschaftlichen Klassifikation erfordert eine derartige Vorgehensweise.

2.3.1 Navigation

Unter den Begriff Navigation fällt die Bereitstellung von Suchfunktionen durch Suchmaschinen und Web-Kataloge. Diese geben eine Unterstützung beim Suchen und Auffinden von Informationen in den ungeordneten Datenbergen des WWW. Die Suche und Navigation im Netz ist mit die wichtigste Funktion für einen Anwender. Sie wird eine noch größere Bedeutung bekommen, wenn sogenannte Software-Spiders und Intelligente Agenten sich durchsetzen und vom Verbraucher auf günstige Angebote im Netz angesetzt werden können. Dementsprechend vielfältig ist das Angebot an Suchhilfen und erreicht eine unüberschaubare Anzahl. Jede Nation hat ihre eigenen und Betreiber von großen Suchportalen in diesem Bereich berücksichtigen die sprachliche und kulturelle Vielfalt verschiedener nationaler Märkte und bieten ihre Dienste in diversen Sprachen an [HEIL99, S. 267].

2.3.1.1   Web-Kataloge

In einem Web-Katalog wird der Inhalt von einer Redaktion erstellt und gepflegt. Die Ergebnisse werden in einem streng hierarchischen Aufbau eingepflegt und in Kategorien und Unterkategorien angelegt [TEUT97, S. 373]. Die Suche erfolgt durch Anklicken der jeweils interessierenden Kategorie ohne Eingabe eines Suchbegriffes. Eine weitere Möglichkeit der Suche besteht in der Eingabe eines Suchbegriffes, nach dem im Katalog anschließend recherchiert wird. Tabelle 2.1 beinhaltet Beispiele von Web-Katalogen.

Tabelle 2.1: Beispiele von Web-Katalogen (Stand 10.10.1999).

Suchhilfe	Name	WWW-Adresse
Web-Kataloge	• bellnet	• http://www.bellnet.com/
	• DINO-Online	• http://www.dino-online.de/
	• Lycos	• http://www.lycos.com/
	• Magellan	• http://magellan.excite.com/
	• WEB.DE	• http://www.web.de/
	• Yahoo!	• http://www.yahoo.com/

2.3.1.2   Suchmaschinen

Bei Suchmaschinen erstellen intelligente Softwareagenten, sogenannte Spider oder Crawler, Hyperlink- und Stichwortdatenbanken. Diese Roboter durchkämmen das WWW nach neuen oder geänderten Seiten und indizieren diese automatisch. Im

Gegensatz zu Katalogen nehmen Suchmaschinen keine aktive, zielgerichtete Auswahl vor, sondern bilden sämtliche zu der Anfrage gestellten Ergebnisse ab
[TEUT97, S. 373]. Tabelle 2.2 beinhaltet Beispiele von Suchmaschinen.

Tabelle 2.2: Beispiele von Suchmaschinen (Stand 10.10.1999).

Suchhilfe	Name	WWW-Adresse
Suchmaschinen	• AltaVista	• http://www.altavista.com/
	• Excite	• http://www.excite.com/
	• Fireball	• http://www.fireball.de/
	• HotBot	• http://www.hotbot.com/
	• Infoseek	• http://infoseek.go.com/
	• Netsearch	• http://www.netsearch.com/

2.3.1.3   Meta-Suchmaschinen und Mischformen

Meta-Suchmaschinen erfassen den Datenbestand mehrerer Suchmaschinen gleich-
zeitig und ermöglichen somit eine noch größere Abdeckung des Suchumfeldes.
Mischformen sind ebenfalls möglich. Ein Beispiel ist Lycos, das sowohl Web-
Katalog als auch Suchmaschine ist. Tabelle 2.3 beinhaltet Beispiele von Meta-
Suchmaschinen.

Tabelle 2.3: Beispiele von Meta-Suchmaschinen (Stand 10.10.1999).

Suchhilfe	Name	WWW-Adresse
Meta-Suchmaschinen	• Apollo 7	• http://www.apollo7.de/
	• Dogpile	• http://www.dogpile.com/
	• MetaCrawler	• http://www.go2net.com/
	• MetaGer	• http://meta.rrzn.uni-hannover.de/
	• PRIMESEARCH	• http://www.primesearch.com/
	• ProFusion	• http://www.profusion.com/

2.3.1.4   Kritische Anmerkung zu Suchhilfen

Die Zahl der im WWW präsenten Suchdienste und deren technische Fähigkeiten
versetzen den Anwender in den Glauben, seine Anfragen mit befriedigenden Such-
resultaten beantwortet zu bekommen. Fakt ist jedoch, daß keine der Suchapparate in
der Lage ist, sämtliche Web-Seiten des Globus zu durchforsten. Die Abdeckung er-

streckt sich nur auf einen Teil des WWW-Umfeldes und ist durch das exponentielle Wachstum an Web-Seiten begründet [TEUT97, S. 380].

Zahlreiche vergleichende Zusammenstellungen in Fachzeitschriften [PETE99] decken Schwächen der Suchhilfen auf und zeigen, daß

- die Verwendung unterschiedlicher Anbieter zu unterschiedlichen Ergebnissen führt,

- die Aktualität der Informationen nicht immer gewährleistet ist,

- eine Vorauswahl beziehungsweise Beurteilung der Ergebnisinhalte nicht erfolgt oder ungenügend ist und

- eine gezielte Recherche nach Produktangeboten nicht zufriedenstellende Resultate in Hinblick auf Bedarf und Suchergebnis liefert.

Die Defizite der Suchanfragen werden aufgrund inhomogener Waren- und Dienstleistungen, unterschiedlicher Darstellungsmedien, fehlender Standards und der bereits erwähnten Quantität an Seiten verstärkt [HEIL99, S. 64f.].

Die mit der Nutzung von Suchdiensten verbundenen Nachteile hindern trotzdem die Anwender nicht an der regen Inanspruchnahme dieser Navigationshilfen. Ein Großteil der WWW-User benutzt bei der Suche nach Daten die Meta-Suchmaschinen oder mehrere Suchmaschinen gleichzeitig und versucht mit dieser Methode die Defizite zu kompensieren.

2.3.2 Inhalt

Der Inhalt einer Web-Seite kann schon alleine dafür verantwortlich sein, daß eine Portal Site vorliegt. Unter Inhalt sind in diesem Fall Informationen zu verstehen, die auf der jeweiligen Portalseite oder durch deren Besuch gefunden werden [LAMM99, S. 29]. WWW-Seiten wie beispielsweise Hot 100 (< http://www.hot100.com/ >) oder The Web 100 (< http://www.web100.com/ >) stellen nach Themengebieten geordnet Ranglisten der meistbesuchten Internetseiten zusammen. Aus diesen Listen lassen sich die Vorlieben der Anwender tendenziell ablesen. Direkte Links zu den aufgeführten Seiten machen diese Ranglisten aufgrund ihres Inhaltes ebenfalls zu Portal Sites, da für viele hier der Aufenthalt im Netz beginnt.

Konzentriert sich eine Web-Page auf ein spezielles Themengebiet, welches das Interesse vieler Anwender anspricht, so entsteht aufgrund des Inhaltes der Seite ein zentraler Anlaufpunkt. Bereits heute haben sich unzählige solcher Portale im WWW gebildet, die ihre Interessenten mit umfangreichen Informationen, Datenbanken, weiterleitenden Links und vielem mehr versorgen.

2.3.2.1 Nachrichten

Die Versorgung mit aktuellen Nachrichten über das Weltgeschehen deckt ein Grundbedürfnis der Menschen ab. Die Nachrichtenagenturen nutzen das multimediale Netz, um Nachrichten und Neuigkeiten in Form von Texten, Bildern und Animationen dem interessierten Leser zu vermitteln. Die Schwerpunkte der Berichterstattung sind identisch mit denen aus Fernsehen, Radio und Zeitungen. Grundelemente von Nachrichtenportalen sind unter anderem Schlagzeilen, Wirtschaft, Sport, Wetter, Gesundheit und Technologie. Das nationale beziehungsweise lokale Geschehen ist, abhängig von der Nationalität der Nachrichtenagentur, von großem Interesse und wird in einer eigenen Rubrik innerhalb des Portalangebotes abgehandelt. Tabelle 2.4 nennt Beispiele aus dem Nachrichtenbereich.

Tabelle 2.4: Portal Sites aus dem Nachrichtenbereich (Stand 10.10.1999).

Inhalt	Name	WWW-Adresse
Nachrichten	• BBC Online • CNN.com • MSNBC Cover • tagesschau	• http://www.bbc.co.uk/ • http://www.cnn.com/ • http://www.msnbc.com/ • http://www.tagesschau.de/

2.3.2.2   Finanzen

Die Finanzwelt ist auf aktuelle Informationen, Entwicklungen und Trends angewiesen. Deren schnelle Verfügbarkeit ist ein entscheidendes Kriterium, das für die Verwendung von Finanzportalen spricht. Durch Finanzportale hat der Anwender Zugriff auf detaillierte Wirtschaftsnachrichten, weltweite Börsenkurse und Indizes, Unternehmensberichte und Zukunftsprognosen. Bei der Kapitalanlage auf den internationalen Finanzmärkten unterstützen Analysen von Firmen und Ländern, Investitionsempfehlungen und Charts von Kursverläufen die Entscheidungsfindung des Anlegers. Tabelle 2.5 nennt Beispiele aus dem Finanzbereich.

Tabelle 2.5: Portal Sites aus dem Finanzbereich (Stand 10.10.1999).

Inhalt	Name	WWW-Adresse
Finanzen	• ft.com (Financial Times) • Gruppe Deutsche Börse • n-tv online • Reuters Group PLC	• http://www.ft.com/ • http://www.exchange.de/ • http://www.n-tv.de/ • http://www.reuters.com/

2.3.2.3   Sport

Portal Sites mit dem Inhalt Sport treten in zwei Ausprägungen auf. Die erste verschafft einen breiten Überblick über das Sportgeschehen in Sportarten wie Fußball, Basketball, Tennis, Schwimmen, Radsport etc. und versucht die Masse an Sportereignissen mit kürzerer beziehungsweise oberflächlicher Berichterstattung abzubilden. Die zweite spezialisiert sich auf eine einzige Sportart, wie zum Beispiel Formel 1 aus dem Motorsport, und berichtet ausführlich mit Details über dieses Umfeld. In beiden Fällen kann der User sein Informationsbedürfnis mit Schlagzeilen, Ergebnissen, Ligatabellen und Berichten befriedigen. Tabelle 2.6 nennt Beispiele aus dem Sportbereich.

Tabelle 2.6: Portal Sites aus dem Sportbereich (Stand 10.10.1999).

Inhalt	Name	WWW-Adresse
Sport	• DSF SportsWorld • Eurosport.com • Formula1.com • ran-online	• http://www.dsf.de/ • http://www.eurosport.com/ • http://www.formula1.com/ • http://www.ran.de/

2.3.2.4   Gesundheit

Der eigenen Gesundheit gilt das Interesse vieler Menschen. Aus diesem Grund weisen Web-Seiten mit diesem Themenschwerpunkt im WWW hohe Besucherströme auf. Das Angebot auf diesen Seiten reicht von medizinischen Erkenntnissen beziehungsweise Forschungstätigkeiten, gesunder Ernährung, Sexualität, körperlicher Fitneß bis hin zu persönlichen Erfahrungsberichten. Des Weiteren werden von Anwendern gestellte Fragen aus dem Gesundheitsbereich beantwortet und Informationen, Ratschläge und Verhaltensweisen bezüglich des Themas geboten. Tabelle 2.7 nennt Beispiele aus dem Gesundheitsbereich.

Tabelle 2.7: Portal Sites aus dem Gesundheitsbereich (Stand 10.10.1999).

Inhalt	Name	WWW-Adresse
Gesundheit	• British Medical Journal • Medscape • Men's Health • ThriveOnline	• http://www.bmj.com/ • http://www.medscape.com/ • http://www.menshealth.com/ • http://www.thriveonline.com/

2.3.2.5 Wissenschaft und Technik

Die Anwender aus dem Wissenschafts- und Technikbereich verfügen in der Regel über gute Computerausstattungen und PC-Kenntnisse. Die Nutzung des WWW als Kommunikations- und Informationsplattform ist deshalb zu einem alltäglichen Instrument geworden. Dementsprechend vielfältig sind wissenschaftlich und technisch orientierte Web-Seiten zu finden, die über Wissenschaften, Technologien und deren Forschung beziehungsweise Entwicklung Auskunft geben. Aufgrund ihrer Inhalte sind sie nicht nur für professionelle Anwender zu häufig in Anspruch genommenen Seiten geworden, sondern erweitern auch den Wissenshorizont von privaten Nutzern. Tabelle 2.8 nennt Beispiele aus dem Wissenschafts- und Technikbereich.

Tabelle 2.8: Portal Sites aus dem Wissenschafts- und Technikbereich (Stand 10.10.1999).

Inhalt	Name	WWW-Adresse
Wissenschaft und Technik	• Macintosh News Network • Max-Planck-Gesellschaft • NASA • Universität Würzburg	• http://www.macnn.com/ • http://www.mpg.de/ • http://www.nasa.gov/ • http://www.uni-wuerzburg.de/

2.3.2.6 Medien

Fernseh-, Radio- und Printmedien haben ihre Attraktivität auf das Web ausgeweitet und nutzen dessen multimediale Eigenschaften. Die Printmedien offerieren teilweise ihre Inhalte aus den konventionellen Druckausgaben, was zu einer Verlagerung der Leserschaft zu Gunsten des WWW führen kann. Die Abfrage der Informationen ist hier im Gegensatz zum Zeitschriftenhandel häufig von größerer Aktualität. Die Radioanstalten senden ihr Programm über regionale und nationale Grenzen hinweg und ermöglichen dadurch den globalen Empfang ihres Hörfunks. Das Überschreiten der geographischen Grenzen trifft auch auf die Fernsehanstalten zu. Deren Position wird sich innerhalb des Webs durch das digitale Fernsehen verstärken. Tabelle 2.9 nennt Beispiele aus dem Medienbereich.

Tabelle 2.9: Portal Sites aus dem Medienbereich (Stand 10.10.1999).

Inhalt	Name	WWW-Adresse
Medien	• ARD • Bayerischer Rundfunk • BusinessWeek Online • SPIEGEL ONLINE	• http://www.ard.de/ • http://www.bayerischerrundfunk.de/ • http://www.businessweek.com/ • http://www.spiegel.de/

2.3.2.7 Unterhaltung

Der hohe Unterhaltungswert des Webs ist dafür verantwortlich, daß viele Nutzer einen Teil ihrer Freizeit im WWW verbringen. Der bequeme Zugriff auf Web-Seiten von zu Hause aus und das reichhaltige Angebot üben eine hohe Anziehungskraft aus. Die Vernetzung mit anderen Gleichgesinnten beispielsweise, läßt Spiele mit mehreren Beteiligten gleichzeitig Realität werden, ohne daß eine gemeinsame Lokalität aufgesucht werden muß. Als weitere Unterhaltungsbereiche sind Musik, Film und TV zu nennen, für die jeweils ein reichhaltiges Portfolio auf den Web-Seiten bereitgehalten wird. Tabelle 2.10 nennt Beispiele aus dem Unterhaltungsbereich.

Tabelle 2.10: Portal Sites aus dem Unterhaltungsbereich (Stand 10.10.1999).

Inhalt	Name	WWW-Adresse
Unterhaltung	• CNET Gamecenter.com • Disney.com • MTV ONLINE • TV Spielfilm Networld	• http://www.gamecenter.com/ • http://www.disney.com/ • http://www.mtv.com/ • http://www.tvspielfilm.de/

2.3.3 Verbindung

Um das WWW nutzen zu können, wird ein Provider benötigt, der die Verbindung zwischen dem Medium und Anwender über einen PC herstellt. Diesen Dienst bietet ein Online-Dienst oder ein Internet-Service-Provider (ISP) an. Als eine interessante Alternative für den Zugang zum Web werden auch sich am Markt neu etablierende Hochgeschwindigkeitszugänge gesehen.

2.3.3.1 Online-Dienste

Ein Rückblick zeigt, daß früher viele der heutigen Internetprovider als proprietäre Online-Dienste begonnen haben. Sie stellten ihren Mitgliedern Informationen und Dienstleistungen entgeltlich über ein eigens dafür betriebenes Netz zur Verfügung. Beispiele hierfür sind AOL oder Bildschirmtext (BTX) des ehemaligen Staatsmonopolisten Deutsche Telekom [PETE98, S. 31]. Gegen das Internet in Verbindung mit dem WWW konnten sich diese Netze aber nicht behaupten. In diesem neuen Medium wurden die Inhalte- und Transaktionsangebote der Online-Dienste kostenlos für den Anwender nutzbar [HEIL99, S. 253]. Die proprietären Geschäftsmodelle verlagerten durch den Wettbewerb gezwungen ihre Aktivitäten auf das Internet, das als auf offenen Standards basierendes System die proprietären Lösungen zurückdrängte. Dem Nebeneinander vieler einzelner Netzwerke wurde damit ein Ende gesetzt. Folglich wurden die proprietären Dienste selbst zu ISPs [PETE98, S. 23].

2.3.3.2 Internet-Service-Provider

Neben diesen ehemaligen proprietären Online-Diensten bieten Telefongesellschaften den reinen Zugang zum Internet ohne oder mit geringen eigenen Inhalten an und nutzen die bestehenden Telefonleitungen, wie beispielsweise TelDa.Net (< http:// www.telda.net/ >) oder MobilCom (< http://www.mobilcom.de >) in Deutschland. Der entscheidende wirtschaftliche Vorsprung eines ISPs gegenüber einem Hochgeschwindigkeitszugang liegt in der großen Zahl vorhandener Kunden, den genauen Kenntnissen über Kundenpräferenzen und demographischen Informationen, einer umfassend existierenden Infrastruktur und der guten Kapitalausstattung, die durch das ursprüngliche Geschäft mit proprietären Diensten vorhanden sind [LAMM99, S. 32].

Ausgehend von der Aufgabe, eine Verbindung zum WWW herzustellen, offerieren ISPs mittlerweile inhaltlich strukturierte und redaktionell betreute Dienstleistungen, wie

- Informationsdienste,

- Übertragungsdienste,

- Speicherdienste und

- Transaktionsdienste.

Informationsdienste bestehen aus vom ISP selbst oder von Dritten erstellten multimedialen Informationen. Übertragungsdienste dienen der Verbindungserstellung
zwischen Mitglied und ISP. Speicherdienste beinhalten unter anderem E-Mail-
Postfächer (E-Mail-Accounts) und Transaktionsdienste ermöglichen Geschäfte mit
Anbietern.

Die von manchen ISPs bereitgestellte Software für den Zugang zum Web bringt den
Anwender meist automatisch nach dem Einwählverfahren auf die Homepage des
ISPs. Nicht selten wird diese Einstiegsseite von den Benutzern beibehalten
[BAGE98, S. 17]. Da dort das oben aufgeführte Angebot an Diensten bereitgehalten
wird, kann ein weiteres Recherchieren im WWW teilweise unterbunden werden und
der Nutzer verweilt auf dieser Startseite, die damit zur Portal Site wird. Dies ist ganz
im Sinne des ISPs, da er daran interessiert ist, den Anwender auf seiner Seite zu
halten, um seine Dienste und Angebote zu vermarkten. Tabelle 2.11 enthält weltweit
etablierte ISPs.

Tabelle 2.11: Weltweit etablierte Internet-Service-Provider [HEIL99, S. 84f.].

Verbindung	Name	WWW-Adresse	Nutzer in Mio.
Internet-Service- **Provider**	• AOL.COM • MINITEL FR • T-Online	• http://www.aol.com/ • http://www.minitel.fr/ • http://www.t-online.de/	• ca. 18 • ca. 20 • ca. 3

2.3.3.3   Hochgeschwindigkeitszugang

Bei einem Hochgeschwindigkeitszugang erfolgt der Zugang zum Beispiel über ein
TV-Kabelnetz und nicht wie bei einem ISP über Telefonleitungen. Das Kabelnetz ist
aufgrund seiner technischen Eigenschaften bezüglich der Datenübertragungsrate
leistungsfähiger als Telefonleitungen [SCHR98, S. 90]. Töne, Bilder und Film-
sequenzen können schneller und qualitativ besser dargestellt beziehungsweise
überhaupt zur Verfügung gestellt werden. Ein auf Hybridfiberkoaxialstandard
aufgerüstetes Kabelnetz bietet neben dem WWW-Zugang zudem Telefon- und
Videoanwendungen an [LAMM99, S. 32f.]. Trotz schlechterer Datenübertragungs-
raten sind herkömmliche ISPs momentan teurer im Vergleich zu den Kabel-
anbietern, doch die bessere technische Umsetzung von Kabelnetzen läßt auf eine
zukünftige Etablierung am Markt schließen [LAMM99, S. 46].

Die Anbieter von Kabelzugängen, wie @Home (< http://www.home.com/ >) in den USA, sind im Begriff, Portale zu errichten, die besonders durch schnellere Zugriffszeiten den Anwender für sich gewinnen wollen [LAMM99, S. 6]. Die größere Bedeutung kommt momentan den ISPs zu, die von ihrem in 2.3.3.2 erläuterten wirtschaftlichen Vorsprung und ihren qualitativ höherwertigen Inhalten profitieren.

2.3.4 Kommunikation

Das Versenden und Erhalten von Nachrichten war einer der ersten Dienste des Internets und zählt noch heute zu den am meisten genutzten Anwendungen. Die technische Möglichkeit, Informationen mittels E-Mail in nur kurzer Zeit an jeden Ort der Welt zu verschicken, hat dem Internet entscheidend zum heutigen Erfolg verholfen. Durch das WWW wurden multimediale Informationen versendbar und die E-Mail ist fester Bestandteil sowohl der zwischenmenschlichen als auch der geschäftsorientierten Kommunikation geworden.

Die für den Nutzer kostenlose Verwendung elektronischer Kommunikationsdienste ist verantwortlich für deren Popularität. Es besteht keine Abhängigkeit von einem ISP, da die Einrichtung einer E-Mail-Adresse bei jedem beliebigen Mail-Dienst vorgenommen werden kann. Durch das Abfragen und Versenden von E-Mails wird der Mail-Provider sehr häufig als erstes im Netz besucht. Auch hier besteht die Angebotspalette schon lange nicht mehr nur aus der Mail-Funktion, sondern auf diesen Portal Sites können nach dem Anmelden mittlerweile ebenfalls Nachrichten und Börsenkurse abgefragt und Transaktionen in Shopping Malls getätigt werden. Der Kommunikationsdienst ICQ („I Seek You", < http://www.icq.com/ >) hat bereits eine Weiterentwicklung mit einer Anwendung vorgenommen, die den Nutzer über die Online-Anwesenheit eines vorher definierten Kommunikationspartners informiert und auf diesem Weg ein Zusammenfinden im Web ermöglicht.

Eine gebührenfreie Adresse wird beispielsweise auch von den großen Web-Katalogen und Suchmaschinen zur Verfügung gestellt. Allerdings handelt es sich in diesem Fall um einen zusätzlichen Dienst, da bei den Navigationshilfen primär die Suchfunktion im Vordergrund steht. Tabelle 2.12 enthält kostenlose E-Mail-Provider.

Tabelle 2.12: Kostenlose E-Mail-Provider (Stand 10.10.1999).

Kommunikation	Name	WWW-Adresse
E-Mail-Provider	• Global Message Exchange • Hotmail • ICQ • Rocketmail	• http://www.gmx.de/ • http://www.hotmail.com/ • http://www.icq.com/ • http://www.rocketmail.com/

2.3.5 Community

Virtuelle Gemeinschaften sind ein willkommener Gegenpol zu der ansonsten anonymen Umgebung im WWW. Soziale Beziehungen sind nicht nur für die Anwender selbst von großer Attraktivität, sondern spielen auch für die Betreiber solcher Gemeinschaften eine entscheidende Rolle. Das gemeinsame Interesse und der persönliche Austausch zwischen den Mitgliedern schafft einen Ort im Netz, der immer wieder aufgesucht, und an dem eine längere Zeit online verbracht wird. Die Gefahr, daß der User nur sehr kurz auf diesen Seiten verweilt und sich zu anderen Seiten im WWW weiterklickt, fällt geringer aus als bei herkömmlichen Seiten.

Die Migration von vertikaler zu horizontaler Ausrichtung führt dazu, daß Communities in das Portfolio von Portalbetreibern aufgenommen werden. Bei ISPs wie AOL.COM (AOL.COM Community, < http://www.aol.com/community/ >) oder bei Suchdiensten wie Yahoo! (Yahoo! Clubs, < http://www.clubs.yahoo.com/ >) hat der Anwender Gelegenheit, an zahlreichen Communities aktiv teilzunehmen. Dieses zusätzliche Angebot unterstützt die Portalfunktion der Web-Seite und liefert mehr Besucherverkehr. In diesen Fällen war die Ausgangsbasis aber nicht das Bilden einer virtuellen Gemeinschaft an sich, sondern die Bereitstellung eines Internetzugangs beziehungsweise einer Navigationshilfe. Der Charakter einer reinen Bindungsmaßnahme des Portalbetreibers wird daran deutlich, daß zum Beispiel bei AOL.COM Community oder bei Yahoo! Clubs aus einer Vielzahl von Community-Bereichen ausgewählt werden kann. Eine Konzentration auf einen einzigen Themenschwerpunkt erfolgt dadurch nicht.

Die Ausrichtung auf einen einzigen Interessenschwerpunkt ist die Grundidee einer virtuellen Community. Das spezielle Thema versammelt hohe Besucherzahlen auf den Web-Seiten und die aktive Teilnahme von Mitgliedern läßt Community Sites

Portalfunktionen übernehmen. Auf diese eigenständigen virtuellen Gemeinschaften wird in Kapitel 3 eingegangen.

2.3.6 Handelsportale

Der digitale Vertrieb konventioneller Güter und Dienstleistungen ist für einen kontinuierlich stärker werdenden Anteil des WWW-Verkehrs verantwortlich [LAMM99, S. 20]. Durch das Engagement der Anbieter entwickelten sich aus einfachen Bestellseiten portalähnliche Angebote mit zusätzlichen Diensten. Das Web dient als Transaktionsplattform für den Austausch von Konsum-, Produktions-, Investitionsgütern und Dienstleistungen.

2.3.6.1 Konsumgüter

Konsumgüter sind Leistungen, die einen speziellen Bedarf der privaten Haushalte befriedigen. Sie können in Ver- und Gebrauchsgüter aufgeteilt werden. Verbrauchsgüter wie Lebensmittel sind nach einmaligem Einsatz unwiederbringlich aufgebraucht, während Gebrauchsgüter wie Elektrogeräte mehrmals oder auch kontinuierlich benutzt werden können [NIES97, S. 34].

Es gibt zwei Varianten des digitalen Vertriebs von Konsumgütern über das Web. Die erste Variante ist dadurch gekennzeichnet, daß sie auf eine bestimmte Warengruppe wie Bücher, High-Tech-Geräte etc. fixiert ist. Alle angebotenen Produkte gehören dieser Warengruppe an oder lassen sich dieser unmittelbar zuordnen. Die zweite offeriert ein breites Sortiment von Produkten aus verschiedenen Warengruppen wie Musik, Sport etc. auf ihren Web-Seiten. Neben diesen beiden Varianten existieren sogenannte Malls, die auf ihren Web-Seiten mehrere Anbieter unter einer gemeinsamen Adresse zusammenfassen. Nach dem Aufsuchen einer Shopping-Mall wie zum Beispiel shopping24 (< http://www.shopping24.de/ >) wird der Anwender zu den Leistungen der einzelnen Anbieter weitergeleitet [KOEH97, S. 44f.].

Vom betriebswirtschaftlichen Standpunkt ist zu beachten, daß abhängig vom Status des Nachfragers ein Gut wie beispielsweise ein PC oder Kraftfahrzeug sowohl Konsumgut als auch Produktions- und Investitionsgut sein kann [NIES97, S. 34]. Tabelle 2.13 enthält Handelsportale aus dem Konsumgüterbereich.

Tabelle 2.13: Beispiele aus dem Konsumgüterbereich (Stand 10.10.1999).

Handelsportale	Name	WWW-Adresse
Konsumgüter	• Amazon.com (Bücher) • BUY.COM (Kaufhaus) • eToys (Spielwaren) • my-world (Kaufhaus)	• http://www.amazon.com/ • http://www.buy.com/ • http://www.etoys.com/ • http://www.my-world.de/

2.3.6.2 Produktions- und Investitionsgüter

Mit von Organisationen beschafften Produktions- und Investitionsgütern werden Erzeugnisse und Dienstleistungen hergestellt beziehungsweise erbracht. Investitionsgüter erfahren lediglich einen Verschleiß, Produktionsgüter dagegen verschmelzen mit dem neu erstellten Erzeugnis in Form eines Rohstoffes auf direkte oder in Form eines Hilfs- beziehungsweise Betriebsstoffes auf indirekte Weise [NIES97, S. 34].

Die zunehmende Vernetzung der Unternehmen mit dem Web läßt diese verstärkt mit diesem Medium arbeiten und dessen Nutzen in die betrieblichen Prozesse mit einfließen. Immer mehr Produktions- und Investitionsgüter wie firmeninterne Netzwerke, Fahrzeuge, Maschinen aller Art, Transportsysteme etc. werden folglich über den digitalen Absatzkanal vertrieben. Unternehmensbranchen, in denen die Computertechnologie ein fester Bestandteil ist, sind klar im Vorteil, weil die Einbeziehung des WWW schneller und effizienter vorgenommen werden kann. Branchen ohne eine elementare Einbeziehung von Computern sehen sich dagegen mit langwierigen Integrations- beziehungsweise Umstrukturierungsprozessen konfrontiert. Tabelle 2.14 enthält Handelsportale aus dem Produktions- und Investitionsgüterbereich.

Tabelle 2.14: Beispiele aus dem Produktions- und Investitionsgüterbereich (Stand 10.10.1999).

Handelsportale	Name	WWW-Adresse
Produktions- und Investitionsgüter	• Dell Computer • Intel • MAN Group • VOITH	• http://www.dell.com/ • http://www.intel.com/ • http://www.man.de/ • http://www.voith.de/

2.3.6.3 Dienstleistungen

Dienstleistungen sind Leistungen, die an einen Menschen beziehungsweise an ein Objekt erbracht werden können, oder einem Individuum beziehungsweise einem

Objekt einen Nutzen bringen. Die Leistung kann auf geistige, manuelle und maschinelle Art und Weise erbracht werden [NIES97, S. 34].

Besonders die Finanzbranche hat sehr schnell erkannt, daß ihre Dienstleistungen sich sinnvoll und effizient mit den Eigenschaften des Webs kombinieren lassen. Der Zugriff auf Konten und die Durchführung von Bankgeschäften beispielsweise sind für den Kunden von großer Attraktivität, da eine Unabhängigkeit von den Räumlichkeiten und den Öffnungszeiten eines Geldinstituts besteht. Des Weiteren ist ein nicht unwesentlicher Anteil am Erfolg der Finanzdienstleistungen im WWW auf die Tatsache zurückzuführen, daß die Leistung als Ganzes über die Netzverbindung zwischen Kunde und Dienstleister erbracht werden kann. Es muß folglich kein weiteres Medium für die Abwicklung in Anspruch genommen werden [THOM90, I 4]. Der Kauf eines Wertpapiers kann durch den Kunden über das Web veranlaßt, durch das jeweilige Institut bearbeitet, dem Kunden auf seinem Konto belastet und bestätigt werden.

Durch die Pionierleistung des Finanzsektors animiert, bieten immer mehr Dienstleister wie Fluggesellschaften, Reiseanbieter, Transportunternehmen etc. ihre Leistungen im multimedialen Netz an. Die Leistung der Unternehmen kann in diesen Fällen allerdings nicht komplett über das Web abgewickelt werden, was im Vergleich mit einem Softwareanbieter einen Nachteil darstellt. Tabelle 2.15 enthält Handelsportale aus dem Dienstleistungsbereich.

Tabelle 2.15: Beispiele aus dem Dienstleistungsbereich (Stand 10.10.1999).

Handelsportale	Name	WWW-Adresse
Dienstleistungen	• comdirect bank online • Deutsche Bank 24 • Lufthansa • UPS	• http://www.comdirect.de/ • http://www.deutsche-bank-24.de/ • http://www.lufthansa.com/ • http://www.ups.com/

2.3.6.4   Etablierungshemmnisse von Handelsportalen

Der Einbeziehung des digitalen Vertriebs in das wirtschaftliche Handeln der Menschen stehen heutzutage noch entscheidende Hindernisse entgegen. Vertragliche Gegenleistungen, wie zum Beispiel das Bezahlen der erhaltenen Leistung oder die Auslieferung des Produktes, erfolgen in der Realität häufig nicht integriert und müssen über konventionelle Prozesse erbracht werden. Gründe hierfür sind beispielsweise die Zurückhaltung von Anwendern, vertrauliche Daten wie Kreditkartennummern über das WWW zu verschicken, oder die zu langsame Auslieferung nicht digitalisierbarer Produkte [POTZ99]. Ein bestellter PC kann folglich nicht wie eine Software schnell über das Netz ausgeliefert werden. In einem solchen Fall muß die Abwicklungsphase einer Transaktion im Gegensatz zur Such- und Verhandlungsphase offline erfolgen.

Die noch angezweifelte Sicherheits- und Zahlungsinfrastruktur stellt aber nicht das einzige Hindernis dar. So sind es vor allem die sozialen und emotionalen Aspekte, die einen Einkauf in realen Geschäften für viele Konsumenten zu einem Erlebnis machen. Besonders der Warenkontakt, die persönliche Beratung durch das Verkaufspersonal bei hochwertigen Produkten und der Einkaufsbummel mit Freunden sind für den Substitutionswiderstand verantwortlich. Daher ist der Übergang von konventionellen Distributionskanälen auf das WWW nur bei wenigen Produkten (Bücher, Software, CDs etc.) bisher ohne größere Zurückhaltung seitens der Konsumenten erfolgt und ist weiterhin nur bei bestimmten Vertriebsformen wie dem Versandhandel wirtschaftlich effizient umgesetzt worden [HEIL99, S. 196].

Trotz dieser heute noch bestehenden Barrieren verzeichnen derartige Handelsseiten einen regen Besucherstrom und ermöglichen es, Waren und Dienstleistungen online in Anspruch zu nehmen. Die Transaktionen im Web allgemein und pro Anwender, aber auch das Online-Angebot an sich, nehmen kontinuierlich zu [O.V.99c]. Als entscheidende Erkenntnis ist festzuhalten, daß der Handel und der Vertrieb über das Medium WWW viele Transaktionssuchende mobilisiert und daß diesem Bereich eine stetig wachsende Bedeutung zukommt.

2.4 Geographische Reichweite

Eine geographische Konzentration spielt im Gegensatz zu Communities (siehe Kapitel 3.3.1 und 3.4.1) keine zentrale Rolle bei der Betreibung von Portal Sites. Die Web-Seiten sind nicht explizit geographisch ausgerichtet, sondern grenzen lediglich durch ihre Eigenschaften und ihre Inhalte die geographische Reichweite ein. Die Navigationshilfen und Kommunikationsdienste zum Beispiel sind international angelegt, können aber aufgrund ihrer Sprache für viele Anwender uninteressant sein. Ein

Finanzportal, das sich ausschließlich in deutscher Sprache mit den Finanzmärkten beschäftigt, wird für einen ausländischen Anleger von geringer Bedeutung sein. Ist ein ausländischer Anwender der deutschen Sprache mächtig, kann dagegen ein Interesse bestehen.

Im Electronic-Commerce-Umfeld streben die Unternehmen eine Globalisierung an und erhoffen sich einen weltweiten Vertrieb ihrer Produkte und Dienstleistungen. Aber auch hier ist eine geographische Ausrichtung nicht explizit angestrebt, sondern ergibt sich durch das Tätigkeitsfeld der jeweiligen Unternehmung. Ein international tätiges Unternehmen spricht die Märkte weltweit an, ein national agierendes Unternehmen beschränkt sich auf den nationalen Markt.

2.5 Einnahmequellen von Portal Sites

In dem sich sehr schnell verändernden Portalumfeld haben sich unterschiedliche Geschäftsmodelle entwickelt, welche die Haupteinnahmequellen von Portal Sites darstellen [LAMM99, S. 35f.]. Dieser Mix aus Einnahmequellen basiert auf

- Werbeeinnahmen,

- Vertriebserlösen und

- Grundgebühren.

Diesen Einnahmequellen stehen hohe Kosten für die Bereitstellung der Dienste und Transaktionsmöglichkeiten gegenüber. Bewußt wird hier der Begriff Einnahmen erwähnt, da Gewinne zur Zeit nur von sehr wenigen Unternehmen durch ihre Aktivitäten im WWW erzielt werden. Selbst etablierte Portale wie Yahoo! können erst nach mehreren Jahren des Betriebs die erwarteten Gewinne realisieren. Diese betriebswirtschaftliche Problematik wird in Kapitel 5 ausführlich beschrieben.

2.5.1 Werbung

Das erste Modell erzielt seine Einnahmen über Werbung, die sich in Form von Werbebannern oder zu Unternehmen weiterleitenden Links auf den Web-Seiten findet. Für Suchportale wie Yahoo!, Lycos, HotBot (< http://www.hotbot.com/ >) und freeserve (< http://www.freeserve.com/ >) oder für E-Mail-Portale wie GMX (< http://www.gmx.de/ >) und Rocketmail (< http://www.rocketmail.com/ >) ist die Werbung die Haupteinnahmequelle. Besonders bei den Links ist festzustellen, daß beim Handel über das WWW die Werbung wesentlich enger mit tatsächlichen Transaktionen verbunden sein kann, weil ein einfaches Weiterklicken zu den Seiten von Produkt- und Dienstleistungsanbietern führt. Die Werbung und die weiterleitenden Links auf Portal Sites haben neben ihrer primären Funktion als Einnahmequelle auch eine den Handel fördernde Wirkung [LAMM99, S. 35].

2.5.2 Vertriebserlöse

Der Handel als zweites Geschäftsmodell kann wiederum selbst in zwei Gruppen unterteilt werden. Die erste Gruppe besteht aus zahlreichen Unternehmen, welche die Gelegenheit nutzten und ein virtuelles Geschäft innerhalb bestimmter Branchen aufbauten. Beispielsweise spezialisiert sich Amazon.com (< http://www.amazon. com/ >) auf den Buchhandel und eToys auf den Spielwarenhandel. Diese Unternehmen sind bei Abschluß eines Vertrages für die Erfüllung der Lieferleistung verantwortlich. Der Grundgedanke dieses Handels ist

- die Herstellung einer direkten Kundenbeziehung,

- Kosteneinsparungen,

- Schaffung einer neuen interaktiven Servicedimension,

- Erstellung von Kundenprofilen und

- Vermarktung der Kundenbeziehungen [LAMM99, S. 21].

Die Unternehmen der zweiten Gruppe sind Vermittler von Transaktionen zwischen den Vertragsparteien. Die Vermittler haben keinerlei Kontakt mit den Waren und sind folglich nicht für die Leistungserfüllung von Verträgen verantwortlich [LAMM99, S. 22]. Ihre Aufgabe besteht in dem Zusammenbringen von Käufern und Verkäufern über ihre eigene Web-Seite. Auf dieser meldet sich der Transaktionssuchende an und ist anschließend in der Lage, seine Waren in virtuellen Auktionshäusern anzubieten oder Produkte über Abgabe von Geboten zu erwerben. Zu den bekanntesten Online-Auktionshäusern zählen eBay (< http://www.ebay.com/ >), ricardo.de (< http://www.ricardo.de/ >), QXL (< http://www.qxl.com/ >) und Eurobid (< http://www.eurobid.com/ >). Diese Intermediäre erwirtschaften ihre Einnahmen über Provisionen, die vom Verkäufer zu tragen sind [SOOD99, S. 61].

2.5.3 Grundgebühr

Die dritte Einnahmequelle findet sich am häufigsten bei den Betreibern von Internetzugängen wie AOL.COM und T-Online (< http://www.t-online.de/ >). Die Grundgebühr wird für den technischen Zugang erhoben und berechtigt das Mitglied zur Nutzung der Dienste des Providers. Die Gebühr ist die primäre Haupteinnahmequelle, aber neben dieser werden mittlerweile ebenfalls Erträge durch Werbung und Handel zielstrebig anvisiert. Diese weiteren Erträge sind von zunehmender Bedeutung, da auch Anbieter ohne monatliche Grundgebühren mit kostenlosem Internetzugang in den Markt drängen. Hier werden Erträge über Anteile an den Telefongebühren, über Werbeeinnahmen und Vertrieb erzielt. Diese, Verlagerung auf andere Einnahmequellen wird durch die Tatsache notwendig, daß die zunehmende Etablierung von kostenlos angebotenen Inhalten im WWW durch horizontal agierende Portal Sites eine Free-Rider-Mentalität entstehen läßt. Es sind jedoch nicht nur die Portale, die diesen Druck ausüben, sondern auch eine Mehrheit von Unternehmen, die ihren Service und Leistungen ohne Entgelt zur Verfügung stellen. In diesen Fällen liegt in der Regel eine Finanzierung durch Werbebeiträge vor, oder bei Unternehmen eine Belastung des Marketingbudgets [HEIL99, S. 246]. Auf lange Sicht gesehen wird es jedoch weiterhin auf Grundgebühren basierende Geschäftsmodelle geben, denn die für die Anwendungen benötigte Netzinfrastruktur muß auch weiterhin finanziert werden [LAMM99, S. 7].

3 Virtuelle Communities

Virtuelle Gemeinschaften erfreuen sich durch ihre Fähigkeit, zwischenmenschliche Kontakte zu bilden, großer Beliebtheit. In dem ansonsten anonymen globalen Netzwerk sind gesellschaftliche Treffpunkte entstanden, die eine vertraute Atmosphäre auf ihren Web-Seiten bieten und durch die Bildung von sozialen Beziehungen einen regelmäßigen Anlauf- beziehungsweise Startpunkt im WWW darstellen [LAWR98, S. 233]. Die Kennzeichen von virtuellen Gemeinschaften sind

- ein spezieller Themenschwerpunkt,

- die kommerzielle Ausrichtung,

- die Integration von Inhalten und Kommunikation,

- die Bereitstellung von Mitgliederinformationen und

- der Einbezug von konkurrierenden Wettbewerbern [HAGE97, S. 23f.].

Der gemeinsame Interessenschwerpunkt bildet den Kern einer Community und kann eine Vielzahl von Möglichkeiten zum Gegenstand haben, die in den Kapiteln 3.3 und 3.4 klassifiziert werden. Es ist zu unterscheiden, ob die virtuelle Gemeinschaft nur der zwischenmenschlichen Zusammenkunft dient, oder ob der Betreiber beziehungsweise die Mitglieder wirtschaftliche Interessen mit ihrem Zusammenschluß verfolgen.

Die zur Verfügung gestellten Informationen und der Erfahrungsaustausch unter den angemeldeten Mitgliedern sind die wichtigsten Ressourcen einer Community. Eine Community Site kann wie jede andere Web-Seite aufgesucht werden und die Inhalte sind teilweise für den Anwender frei abrufbar. Eine aktive Teilnahme an einer virtuellen Gemeinschaft ist aber erst durch eine Registrierung als Mitglied möglich (siehe Anhang S. 108, Abbildung 7). Die Community Site ermöglicht dem Mitglied

- seinen Interessen nachzugehen (Interessenmotiv),

- Vorstellungen und Wünsche auszuleben (Unterhaltungsmotiv),

- Kontakte zu anderen Gleichgesinnten herzustellen (Beziehungsmotiv) und

- Transaktionen beziehungsweise Tauschgeschäfte abzuwickeln (Transaktionsmotiv) [HAGE97, S. 32].

Die Kommunikation und die Verfügung von Inhalten erfolgt über virtuelle Schwarze Bretter, Chat-Rooms und E-Mails, wobei dem interaktiven Dialog der Mitglieder die elementarste Bedeutung zukommt. Die Grundidee einer Chat-Anwendung ist das Zusammenbringen von mindestens zwei Teilnehmern in einem virtuellen Raum, in dem mit Hilfe der Tastatur des Computers eine Konversation stattfindet. Die Kommunikation in der Gruppe wird von jedem Partizipanten auf seinem Bildschirm verfolgt und eine aktive Teilnahme an der Gesprächsrunde kann von jedem selbst bestimmt werden [CLEM98a, S. 91].

Eine Förderung der Mitgliederinteraktion wird beispielsweise durch sogenannte Buddy-Listen vorgenommen. In diesen Listen kann ein Teilnehmer Benutzer-kennungen von beliebten Konversationspartnern angeben und wird bei deren gleichzeitiger Anwesenheit in der virtuellen Community von einer Software-anwendung darauf hingewiesen. Eine gut funktionierende Community Site wird zudem durch Mund-zu-Mund-Propaganda mit Hilfe von E-Mails oder außerhalb des WWW weiter empfohlen und sorgt für eine Steigerung des Bekanntheitsgrades [HEIL99, S. 233f.].

Die Kommunikationsinstrumente können nach dem Anmelden in der virtuellen Community benutzt werden und sind nur registrierten Usern zugänglich. Die Ver-bindung und die Interaktion von Menschen mit gleichen Interessen sind wesentlicher Bestandteil von virtuellen Gemeinschaften. Daraus resultieren Bekanntschaften, die über ein aufgebautes Netzwerk von Beziehungen Erfahrungen austauschen und gegenseitige Hilfe in Form von Tips und Beratung leisten. Es entsteht eine Kommu-nikation zwischen den Generationen. Dies passiert unter sich fremden Personen auf der Straße oder am Telefon eher selten. Die Mitglieder haben neben der Informa-tionsabfrage zudem die Möglichkeit, selbsterstellte Kommentare und Beiträge abzugeben [LAWR98, S. 232]. Aufgrund dieser Informations- und Wissensbasis weisen virtuelle Gemeinschaften in der Regel einen hohen Grad an Informationstiefe auf.

Die Betreiber virtueller Gemeinschaften schaffen durch ihre Vorauswahl von Informationen beziehungsweise Anbietern eine Vertrauensatmosphäre bezüglich der Qualität der Inhalte. Ferner verstärken sie ein stimulierendes Gefühl bei getätigten

Transaktionen der Mitglieder. Die daraus resultierende Bindung an die Web-Seite wird durch personifizierte Elemente intensiviert. Dies wird realisiert durch benutzerdefinierte Anwendungsoberflächen oder die Einrichtung eines eigenen Bereiches für ein Mitglied innerhalb der Community [HEIL99, S. 234].

Die Interessen von Menschen sind sehr individuell. Diese Tatsache führt zu einer außerordentlichen Vielfalt an Ausprägungen von virtuellen Gemeinschaften im WWW, deren konzeptioneller Ursprung einen wissenschaftlichen Hintergrund hat (siehe Kapitel 3.1). Nach Klärung der kommerziellen Ausrichtung in Punkt 3.2, die sich in einem Wandel befindet, werden Community Sites klassifiziert. Dabei ist eine abstrakte Aufteilung, zum einen in die Konsumenten- und zum anderen in die Unternehmensorientierung, erforderlich (siehe Kapitel 3.3 und 3.4). Die Einnahmequellen haben ein breiteres Spektrum als bei Portalen und gewährleisten, bedingt durch die Grundstruktur einer Community, weitere Einnahmen (siehe Kapitel 3.5).

3.1 Ursprung von Community Sites

Die erste Online-Gemeinschaft entstand in den 80er Jahren und ermöglichte in erster Linie die Kommunikation von Wissenschaftlern im Internet, durch die Verwendung eines Netzwerkes in Verbindung mit virtuellen Schwarzen Brettern, die auch Usenet oder Newsgroups genannt werden. Dieser elektronische Nachrichtenaustausch konzentrierte sich auf die Lehre und die Forschung und gewährte einen weltweiten Austausch von Expertenwissen. Die Idee der virtuellen Gemeinschaft beschränkte sich mit der Zeit nicht nur auf die wissenschaftlichen Bereiche und es folgten Communities mit Inhalten wie Computer, Musik, Freizeitgestaltung und vielem mehr. Durch derartige Themeninhalte lebt eine Gemeinschaft und versammelt mit Infotainment aus den Gebieten wie Hobbys, Entertainment und Beziehungsaufbau Mitglieder um sich [PAUL98, S. 152].

Die Entwicklung von virtuellen Communities blieb auch dem WWW nicht verborgen und es entwickelten sich in kurzer Zeit ebenfalls zahlreiche dieser virtuellen Treffpunkte in diesem neuen Medium. Die Community Sites stehen mit eigenen Web-Adressen und Anwendungen zur Verfügung, ergänzen aber auch, wie in Kapitel 2 erwähnt, das Angebot von Portal Sites wie beim Web-Katalog Yahoo! oder beim ISP AOL.COM. Die Community-Grundidee einer eigenständigen Community

Site und einer virtuellen Gemeinschaft innerhalb einer Portal Site sind die gleichen, wobei sich die Arbeit in Kapitel 3 auf die durch eigene Web-Präsenz gekennzeichneten Community Sites bezieht, da es sich innerhalb eines Portals lediglich um eine zusätzliche Bindungsmaßnahme handelt (siehe Kapitel 2.3.5).

3.2 Wirtschaftliche Ausrichtung

Vergleichbar mit konventionellen Gemeinschaften entstehen virtuelle Communities aus verschiedenen Gründen und Intentionen. Das gemeinsame Interesse bringt die Menschen in beiden Arten von Gemeinschaften zusammen. Die Ziele und die Absichten der Gruppenbildung dagegen können wirtschaftlich unterschiedlich ausgelegt sein. Neben der anti-kommerziellen und der kommerziellen Ausrichtung tritt die ökonomische Kundenbindung für die Betreiber zunehmend in den Vordergrund.

3.2.1 Anti-kommerziell

Zu Beginn ihrer Entwicklung konzentrierten sich Community Sites verstärkt auf Hobbys und soziale Kontakte. Die Teilnahme erfolgte somit aus Leidenschaft und hatte keine kommerziellen Absichten, was sich auch teilweise in einer sehr anti-kommerziellen Haltung mancher Initiativen zeigte [HAGE97, S. 19].

Der Übergang von nicht-kommerziellen zu kommerziellen Communities ist in der Regel fließend. Im Hintergrund von nicht-kommerziellen Sites wird ebenfalls immer eine Bindung der Teilnehmer an die Community angestrebt, und es finden sich auch auf nicht-kommerziellen Sites Werbebanner und Angebote, die zu ihrem Themenschwerpunkt passen. Die Betreiber der Sites vermarkten freie Flächen auf den Web-Seiten, um Einnahmen vor allem für die Deckung der Betriebskosten zu erzielen [MAXW99]. Eine rein anti-kommerziell geführte Community liegt im WWW folglich nicht mehr vor und verhindert eine klare Trennung bezüglich der wirtschaftlichen Ziele.

3.2.2 Kommerziell

Die anti-kommerzielle Einstellung wandelte sich, als die ersten proprietären Online-Dienste im Rahmen ihrer Erweiterung der Inhalte anfingen, virtuelle Communities zu betreiben und deren wirtschaftliche Aspekte zu erkennen [HAGE97, S. 11f.]. Diese Erkenntnis wurde anschließend in das boomende WWW transferiert. Ab diesem Zeitpunkt traten für viele Betreiber von Community Sites die Vermarktung von

Werbung, Produkten und Dienstleistungen in den Vordergrund. Der Themen-schwerpunkt wird genutzt, um potentielle Kunden anzulocken und um diese auch wiederholt als Besucher verzeichnen zu können. Mit zunehmender Tendenz werden die Gemeinschaften wie Wirtschaftsunternehmen organisiert und betrieben [HAGE97, S. 24]. Die Community Sites sind aufgrund ihrer Beschaffenheit sehr attraktiv für transaktionswillige Akteure, vereinen sie doch Menschen mit gleichen Interessen und binden diese an die virtuelle Gemeinschaft. Ein Sportartikelhersteller, der seine Produkte online anpreisen will, wird viel daran setzen, Werbeflächen in einer Sport-Community zu bekommen.

Eine interessengerechte Vertretung der Gemeinschaft erfordert eine große Auswahl an qualitativen Informationen, die ebenfalls durch Dritte ergänzt werden kann. Dies ist besonders für die kommerzielle Orientierung relevant, wenn konkurrierende Unternehmen Angebote an die Community richten, die zum Interessenschwerpunkt passen, und somit mehrere Alternativen bei der Auswahl berücksichtigt werden können. Das Ergebnis dieses Prozesses sind fachlich besser informierte Mitglieder. Der Zugriff auf die bereitgestellten Inhalte läßt Qualität, Kosten und viele andere Aspekte von angebotenen Produkten oder Dienstleistungen in die Entscheidungs-findung mit einfließen.

3.2.3 Kundenbindung

Weiterhin besteht für Unternehmen selbst die Möglichkeit, eine virtuelle Gemein-schaft um ihr Unternehmensumfeld aufzubauen. Dies würde bedeuten, daß ein Sport-artikelhersteller seine Präsenz im WWW durch eine eigene Community Site erweitert, die wiederum die Bedürfnisse und Interessen der sportbegeisterten Nutzer befriedigen muß, da sie sonst nicht erneut aufgesucht wird und eine Gemeinschaft nicht entstehen kann. Gelingt es aber, eine erfolgreiche, gut besuchte Community Site zu positionieren und zu betreiben, so stellt die entstandene Kundenbindung ein hohes Potential zur Vermarktung dar. Alle Maßnahmen zur Beeinflussung der Einstellung von Anwendern, die eine Aufrechterhaltung der Beziehung zwischen dem Anwender und dem Betreiber zum Ziel haben, werden als Kundenbindung verstanden [KRAF98, S. 168]. Dies kann zum Beispiel durch den Einsatz einer Agententechnologie erfolgen, welche Informationen filtert, die zum Nutzungsprofil des jeweiligen Anwenders passen, und beim erneuten Eintritt in die Community den Kunden über Neuigkeiten bezüglich seines Interesses informiert [HAGE97, S. 166].

Diese Maßnahmen sind besonders wichtig, da gerade im Web die Anwender von Web-Seite zu Web-Seite springen. Der auf Kundenbindung ausgerichtete Betreiber verfügt über genaue Kenntnisse der Präferenzen seiner Kunden und kann deren Bedürfnisse zielgerecht bedienen beziehungsweise über Dritte versorgen. Diese Wissensbasis ist von entscheidender strategischer Bedeutung für die Akquisition und Bindung von Mitgliedern.

Diese betriebswirtschaftlichen Gedankengänge finden sich auch auf konventionellen Märkten. In der Buchbranche beispielsweise sorgen Buchclubs für eine intensivere Kundenbindung an ein Unternehmen. Das Mitglied erhält regelmäßig bücherspezifische Informationen und kann mit Preisvorteilen beim Kauf rechnen. Der entscheidende Unterschied zwischen konventionellen Kundenclubs und virtuellen Gemeinschaften liegt in der kontinuierlichen Kommunikation der Mitglieder untereinander, die bei einem Buchclub in der Regel nicht anzutreffen ist [HEIL99, S. 231].

3.3 Konsumentenorientierung

Die Ausstattung und die Inhalte der Community Site liefern alle für das Mitglied relevanten und interessanten Informationen, die sich aus dem jeweiligen Thema ergeben. Die Befriedigung der Bedürfnisse erfolgt konzentriert durch eine Quelle, die

- Informationen filtert,

- Quelle neuer Erkenntnisse ist,

- Kommunikation fördert und

- Transaktionen anbahnen kann [HEIL99, S. 231].

Das Filtern von Informationen und der anschließend strukturierte Aufbau benutzerfreundlicher Indizes versetzt den Anwender in die Lage, auf eine bequeme und leichte Art und Weise die für ihn nützlichen Daten zu erhalten und schnell einen Überblick zu bekommen. Die aufzuwendende Zeit für die Suche und die Selektion verkürzt sich somit entscheidend (siehe Anhang S. 108, Abbildung 8).

Die aus der Gemeinschaft gewonnenen Erkenntnisse sorgen für wesentlich fundiertere Entscheidungen bei zu tätigenden Geschäften und gewähren darüber hinaus eine stetige Aktualität des Informationsstandes. Diese Wissensplattform wird durch Erfahrungsaustausch und Diskussionen in den Chat-Räumen der Teilnehmer untereinander ständig erweitert. Gut informierte Konsumenten haben zudem eine bessere Verhandlungsposition gegenüber Unternehmen und können ihren Nutzen aus den Geschäften steigern.

In einer virtuellen Community sind es nicht nur die Mitglieder, die durch die Inhalte und den Erfahrungsaustausch höhere Nutzenwerte erzielen, sondern auch Anbieter von zum Themenschwerpunkt passenden Produkten, Dienstleistungen und Werbebotschaften. Für die Transaktionssucher besteht nicht nur die Möglichkeit, ihre Absatzmärkte zu vergrößern, indem sie ihre Angebote mit Hilfe des WWW an potentielle Endkunden vermarkten, sondern auch weitere Vorteile von Community Sites wirtschaftlich zu nutzen [HAGE97, S. 25].

Allein durch die Teilnahme an einer virtuellen Community schließt sich der Nutzer ohne Einflußnahme Dritter einem Marktsegment an und ordnet sich einer bestimmten Zielgruppe automatisch zu. Darüber hinaus sind die Betreiber von Community Sites aufgrund der technischen Möglichkeiten in der Lage, Verhaltensweisen und Präferenzen des Mitglieds durch die Auswertung von Nutzungsstatistiken zu ermitteln [SCHR98, S. 38]. Benutzerspezifische Daten können folglich ohne aufwendige Verfahren wie beispielsweise Befragungen erhoben werden und geben Auskunft über Änderungen von Verhaltensweisen oder verbesserungswürdige Ansätze. Die auf diesem Weg gewonnenen Teilnehmerprofile führen zum einen zu gezielten, zugeschnittenen Angebotsportfolios, die sich durch Einsparung überflüssiger Inhalte und die Berücksichtigung von Wünschen auszeichnen [HEIL99, S. 233], zum anderen verringern sich die Anbahnungskosten, weil das Angebot und die Nachfrage eines Marktsegmentes konzentriert aufeinandertreffen. Die Versammlung von Gleichgesinnten erleichtert den anbietenden Unternehmen, ihre Waren und Dienstleistungen, bedingt durch die in der virtuellen Gemeinschaft gesteigerte Transparenz, gezielt zu plazieren.

Die Kommunikation kann nicht nur zwischen den Community-Mitgliedern praktiziert werden, sondern auch mit Unternehmen, die vom Betreiber der Community zugelassen werden. Diese Vorauswahl von Unternehmen und der Informationsaustausch zwischen Anbietern und kaufwilligen Nachfragern, schaffen ein günstiges Umfeld für den erfolgreichen Absatz und haben wegen des verringerten Kaufrisikos Einfluß auf die Konsumbereitschaft [HAGE97, S. 25]. Die Interaktion der Mitglieder, der Organisatoren und der Unternehmen untereinander läßt diese drei Parteien in einen engen Verbund treten und ist bei der Berücksichtigung der jeweils gesetzten Interessensziele für jeden von Vorteil. Die Mitglieder sehen sich als Teil der Gemeinschaft, identifizieren sich mit dieser und verpflichten sich unbewußt damit selbst zur aktiven Partizipation. Abbildung 3.1 stellt die Verbindung der jeweiligen Parteien graphisch dar.

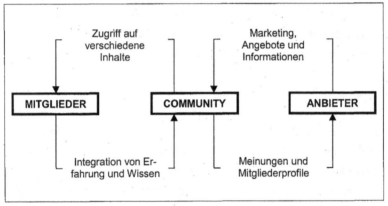

Abbildung 3.1: Die Community als Bindeglied zwischen Mitglied und Anbieter, in Anlehnung an [PAUL98, S. 154].

Die Einbeziehung von Unternehmen in die virtuelle Gemeinschaft liefert für diese die erwähnten fundierten Verhaltensweisen und Präferenzen der potentiellen Konsumenten, was nicht nur zu einer vereinfachten Marktforschung führt. Die Erkenntnisse können einen großen Teil der Marketingausgaben einsparen, da das eingegrenzte Interessentensegment geringeren Fehlzustellungen von Werbebotschaften ausgeliefert ist. Bei konsequenter Umsetzung ist somit ein individuelles Marketing möglich [PAUL98, S. 158]. Die Integration eines Anbieters in den Themenschwerpunkt kann ein positives Image nicht nur auf der Community Site aufbauen, sondern läßt sich auch auf konventionelle Märkte übertragen [HEIL99, S. 234].

Das WWW ist dabei nicht nur ein zusätzlicher Absatzkanal unter vielen. Die dort gebotenen Vorteile haben eine viel größere Auswirkung auf das unternehmerische Handeln. Von besonderer Bedeutung ist erstens die geographische Reichweite, die Zugang zu Absatzmärkten auf der ganzen Welt gewährt. Dadurch bedingt ist zweitens kein kostspieliges Vertriebsnetz aufzubauen und zu pflegen, das heißt ein großer Fixkostenbestandteil kann eingespart werden. Schließlich kann drittens auf direktem Weg mit den Konsumenten in Kontakt getreten werden, was klassische Intermediäre wie Einzel-, Großhandel oder Makler vielfach entbehrlich macht [HAGE97, S. 25f.].

Die wirtschaftliche Bedeutung von Community Sites wird nicht nur für die Betreiber und Teilnehmer, sondern für das gesamte WWW tiefgreifende Auswirkungen haben. Der relativ junge Entwicklungsstand dieser Unternehmensmodelle läßt aber noch keine auf Fakten beruhende Beurteilung zu. Der Vergleich mit konventionellen Buchclubs beispielsweise läßt das gesellschaftliche und wirtschaftliche Potential erahnen [HEIL99, S. 279]. Eine Betrachtung der Evolution im WWW zeigt deutlich, daß die Anzahl von Community Sites einem hohen Zuwachs unterliegt und auch Portal Sites virtuelle Gemeinschaften in zunehmendem Maße in ihr Angebot aufnehmen. Die folgende Klassifikation verschafft einen Überblick über die verschiedenen geographischen, demographischen und themenspezifischen Ausprägungen und deren Variationen.

3.3.1 Geographische Communities

Auf geographischen Community Sites finden Mitglieder zueinander, die ihr gemeinsames Interesse an einer Örtlichkeit verbindet. Die besondere Attraktivität dieser Community Sites liegt in der sozialen Nähe zu den Mitgliedern. Die Anwender können ein großes Angebot an Informationen, die ihre Lebensumgebung betreffen, nutzen [HAGE97, S. 142].

3.3.1.1 Lokale Konzentration

Eine lokale Konzentration zeichnet sich durch eine besondere Nähe zum alltäglichen Lebensumfeld der Teilnehmer aus. Im Mittelpunkt der Community ist beispielsweise eine Stadt, in der die Mitglieder nicht zwingend leben müssen, deren Interesse sich aber auf die Ereignisse und das Geschehen in dieser Stadt richtet. In den lokalen Themenbereichen können Inhalte aus der städtischen Politik, Verwaltung, Geschäfts- welt, Freizeitgestaltung, Sportszene etc. abgerufen werden. Es werden Veranstaltungshinweise für Konzerte, Kinofilme und Kunstausstellungen gegeben. In begrenztem Umfang werden zusätzlich Informationen angeboten, welche die Stadtgrenzen überschreiten, aber eine deutlich untergeordnete Rolle spielen. Auf lokalen Schwarzen Brettern und in Chat-Rooms versammeln sich Ortsansässige und knüpfen über diese virtuelle Gemeinschaft Kontakte zueinander. Tabelle 3.1 nennt exemplarisch lokal fokussierte Community Sites.

Tabelle 3.1: Lokale Community Sites (Stand 10.10.1999).

Lokaler Schwerpunkt	Name	WWW-Adresse
Cincinnati	Cincinnati.Com	http://www.cincinnati.com/
Miami, Florida	Miami	http://miami.vcn.net/citizen/
New York	Virtual New York	http://www.vny.com/

3.3.1.2 Regionale Konzentration

Eine regionale Konzentration richtet sich nicht nur auf einen einzelnen geographischen Punkt aus, sondern bezieht die angrenzende Umgebung einer Stadt mit ein. Die Inhalte decken ein breiteres Themenangebot als in lokalen virtuellen Gemeinschaften ab und beinhalten zum Beispiel für die Region relevante politische Bereiche. Darüber hinaus ist die Ansprache von Teilnehmern, die nicht unbedingt in der Region leben, durch eine zusätzliche historische, soziologische und für eine Reise in die jeweilige Region wissenswerte Informationsbasis verstärkt. Tabelle 3.2 nennt exemplarisch regional fokussierte Community Sites.

Tabelle 3.2: Regionale Community Sites (Stand 10.10.1999).

Regionaler Schwerpunkt	Name	WWW-Adresse
Südafrika	Mail & Guardian	http://www.mg.co.za/
Mellingen	mellige.ch	http://www.mellige.ch/
Derbyshire	Virtual Derbyshire	http://www.derbyshire.com/

3.3.1.3 Nationale Konzentration

Communities mit nationalem Schwerpunkt weisen ein umfangreicheres Potential an möglichen Inhalten auf. Die Themenbereiche sprechen eine ganze Nation an und berücksichtigen aus diesem Grund die Interessen und Belange von verschiedenen Teilnehmergruppen. Eine tiefgreifende Konzentration auf ein spezielles geographisches Gebiet erfolgt nicht, da eine unterschiedliche Gewichtung der Bereiche bestimmte Gruppen bevorzugen würde. Dies ist nicht die Intention einer national angelegten

Community. Das ganze Land und die Interaktion der Mitglieder in Bezug auf länderspezifische Interessen sind zentraler Gegenstand. Aufgrund der gewichtigeren Trag- und Reichweite, wird ein Großteil der nationalen virtuellen Gemeinschaften mit größerem Aufwand betrieben, was sich zum Beispiel in einem anspruchsvolleren Layout, in einer größeren Angebotsvielfalt und in technisch verfeinerten Anwendungen zeigt. Tabelle 3.3 nennt exemplarisch national fokussierte Community Sites.

Tabelle 3.3: Nationale Community Sites (Stand 10.10.1999).

Nationaler Schwerpunkt	Name	WWW-Adresse
Afrika	Orientation Africa	http://af.orientation.com/
Irland	Virtual Ireland	http://www.virtualireland.com/
Rußland	Virtual Russians	http://russia.virtualcomm.com/

3.3.1.4   Internationale Konzentration

Die Betreibung einer international konzentrierten Community weist einen anderen Aufbau auf als die bisherigen geographischen Gemeinschaften. Auf einer übergeordneten Ebene werden Themen behandelt, die für alle Länder auf der Welt von Relevanz sind. Sprachen, Währungen, Zeitzonen und Klimazonen sind wesentliche Elemente dieses Portfolios. In einer untergeordneten Ebene ist die Welt in die einzelnen Kontinente unterteilt, welche wiederum selbst in Länder untergliedert werden. Die Mitglieder sind in der Lage, auf Inhalte aus beiden Ebenen zuzugreifen und können ebenfalls die Interaktionseinrichtungen aus allen Bereichen nutzen. Die Zusammenkunft von Teilnehmern aus der ganzen Welt und der Rückgriff auf Informationen direkt aus einem Land, haben für die Mitglieder einen hohen Anreiz zur aktiven Teilnahme. Tabelle 3.4 nennt exemplarisch international fokussierte Community Sites.

Tabelle 3.4: Internationale Community Sites (Stand 10.10.1999).

Internationaler Schwerp.	Name	WWW-Adresse
Länder weltweit	MapQuest.com	http://www.mapquest.com/
Länder weltweit	The Park Community	http://www.the-park.com/
Länder weltweit	The Virtual Tourist	http://www.vtourist.com/

3.3.2 Demographische Communities

Demographische Community Sites zielen auf bestimmte Benutzergruppen ab, die bezüglich ihres Lebensabschnittes, Geschlechtes, ethnischer Zugehörigkeit und Religion gleiche Interessen und Bedürfnisse haben [HAGE97, S. 143]. Der Erfahrungsaustausch und die Interaktion der Gleichgesinnten untereinander sind der zentrale Nutzen solcher Gemeinschaften. Sie lassen persönliche Beziehungen über geographische Grenzen hinweg entstehen, deren Pflege ein ständiges Besuchen der Community Site erfordert. Im realen Leben kann es oft schwierig sein, den passenden Ansprechpartner zu finden, da zeitliche und vor allem räumliche Grenzen die Suche stark einschränken. Demographische Communities vereinen Menschen, die sich mit einer Gruppe verbunden fühlen und wegen diesem Zugehörigkeitsgefühl Gleichgesinnte kennenlernen wollen, um mit diesen Informationen auszutauschen.

3.3.2.1 Lebensalter

In den jeweiligen Abschnitten eines Lebens sammeln Menschen tiefgreifende und unterschiedliche Erfahrungen. Es liegt in der Natur des Menschen, auf Mitmenschen zuzugehen, die sich in ähnlichen Situationen befinden beziehungsweise gleiche Erfahrungen gemacht haben [HAGE97, S. 34]. Beispielsweise sind Jugendliche an Musik-, Sport-, Mode-, Freizeittrends und Unterhaltung interessiert, Eltern tauschen sich über Schwangerschaft, Erziehung, Kindergarten und Schule aus. Senioren beschäftigen sich mit Enkelkindern, Reisen, Generationsproblemen und Erlebnissen. Besonders für ältere Menschen ist die Auseinandersetzung mit Computeranwendungen häufig ein Problem, doch eine eingeschränkte Mobilität im hohen Alter läßt eine Kontaktpflege über das WWW an Attraktivität gewinnen. Tabelle 3.5 nennt exemplarisch auf das Lebensalter fokussierte Community Sites.

Tabelle 3.5: Vom Lebensalter abhängige Community Sites (Stand 10.10.1999).

Lebensalter	Name	WWW-Adresse
Kinder und Jugendliche	Fun Online	http://www.funonline.de/
Eltern	ParentsPlace.com	http://www.parentsplace.com/
Senioren	SeniorNet	http://www.seniornet.com/

3.3.2.2   Geschlecht

Die Emanzipation der Frau findet sich auch im Web wieder. Virtuelle Gemein-schaften, die speziell für die Interessen und Belange von Frauen kreiert wurden, sind in zwei Ausprägungen präsent. Zum einen werden auf Frauen ausgerichtet allge-meine Themen wie Familie, Karriere, Ernährung, Gesundheit etc. behandelt, zum anderen erfolgt eine Spezialisierung auf ein einzelnes Thema wie Finanzen. Bei der Aufnahme in die Gemeinschaft wird häufig verstärkt betont, daß nur Frauen Mitglied werden dürfen. Communities, die derart streng nur Männer aufnehmen wollen, sind im Web sehr selten anzutreffen, da die Allgemeinheit der Betreiber sowohl Männer als auch Frauen in gleichem Maße aufnehmen wollen. Ein Grund für derartige emanzipierte Communities mag die zur Zeit noch dominante Anzahl von männlichen Anwendern im WWW sein [SCHM98, S. 189]. Tabelle 3.6 nennt exemplarisch auf das weibliche Geschlecht fokussierte Community Sites.

Tabelle 3.6: Vom Geschlecht abhängige Community Sites (Stand 10.10.1999).

Geschlecht	Name	WWW-Adresse
Frauenfinanzseite	FRAUENPOOL.DE	http://www.frauenpool.de/
Frauen	frauenweb.at	http://www.frauenweb.at/
Frauen	Women.com Network	http://www.women.com/

3.3.2.3   Ethnische Zugehörigkeit

Für Menschen verschiedener ethnischer Abstammung sind virtuelle Gemeinschaften eine Gelegenheit, Kontakte mit Menschen aus ihrer Heimat zu halten. Speziell für Personen, die ihr Heimatland verlassen haben und in eine für sie fremde Umgebung gezogen sind, können Beziehungen sowohl zu Mitgliedern, die sich in der gleichen Situation befinden, als auch zu in der Heimat lebenden Teilnehmern angebahnt beziehungsweise gepflegt werden. Der Nutzer findet, wie in anderen Communities auch, Infotainment, jedoch besonders die von Minderheiten benutzten Gemein-schaften befassen sich des öfteren mit Problemen, die aufgrund der Minderheits-präsenz in einer Gesellschaft vorliegen. Tabelle 3.7 nennt exemplarisch auf ethnische Abstammungen fokussierte Community Sites.

Tabelle 3.7: Von der ethnischen Zugehörigkeit abhängige Community Sites (Stand 10.10.1999).

Ethnische Abstammung	Name	WWW-Adresse
Asiatische Abstammung	AsianAvenue.com	http://www.asianavenue.com/
Hispanische Abstammung	HISPANIC Online	http://www.hisp.com/
Afrikanische Abstammung	NetNoir	http://www.netnoir.com/

3.3.2.4 Religion

Die Glaubenszugehörigkeit ist an keine Grenzen gebunden. Nicht selten sind Gläubige einer bestimmten Religion sehr schwach in einer Region vertreten und können nur bedingt nach ihrem Glauben leben beziehungsweise notwendige Informationen beziehen. In virtuellen Glaubensgemeinschaften haben Gleichgläubige die Gelegenheit, miteinander zu interagieren und sich auf dem Laufenden zu halten. Auf den Web-Seiten werden die jeweilige Religion betreffend Lebensweisen, Kultur, Erziehungsregeln, Glaubensfragen etc. behandelt und durch Mitglieder aktiv gestaltet. Tabelle 3.8 nennt exemplarisch auf Religionen fokussierte Community Sites.

Tabelle 3.8: Von der Religion abhängige Community Sites (Stand 10.10.1999).

Religion	Name	WWW-Adresse
Christentum	CHRISTIANITY ONLINE	http://www.christianity.net/
Islam	IslamiCity	http://www.islamicity.com/
Judentum	Jewish Religion	http://www.bsz.org/

3.3.3 Themenspezifische Communities

Themenspezifische Communities beschäftigen sich mit Interessen verschiedenster Art, die nicht den geographischen oder demographischen angehören. Viele dieser Community Sites befassen sich in der Regel mit Leidenschaften, Freizeitbeschäftigungen und Hobbys von Menschen, was zur Folge hat, daß den Ausprägungen von themenspezifischen Gemeinschaften keine Grenze gesetzt ist. Die Teilnahme erfolgt aus purem Interesse an einem bestimmten Thema und trägt zur persönlichen Bereicherung des Mitgliedes und zur Freizeitgestaltung bei. Die Zusammenkunft Gleichgesinnter und die Möglichkeit auf spezifische, fundierte Informationen und

Erkenntnisse zugreifen zu können, üben eine besondere Anziehungskraft auf die
Mitglieder aus [HAGE97, S. 143f.].

3.3.3.1 Finanzen

Finanz-Communities orientieren sich ebenfalls wie die Finanzportale aus Kapitel
2.3.2.2 an den grundlegenden Informationsbedürfnissen ihrer Mitglieder. Die
Anwendungsmöglichkeiten gehen jedoch über die bloße Abfrage von Finanz-
informationen und Inanspruchnahme von Finanzdiensten hinaus. In einer Finanz-
Community sind die Mitglieder in der Lage, untereinander über Geldanlagen zu
diskutieren und sich gegenseitig zu beraten, an Simulationen von Aktienanlage-
strategien teilzunehmen und umfassende, inhaltsreiche Informationen bezüglich des
Finanzgeschäfts abzufragen. Darüber hinaus können die Betreiber der Community
online ihre Dienste direkt an die Mitglieder adressieren und das Mitglied kann sich
im Gegenzug an den Betreiber ohne Umwege wenden. Tabelle 3.9 nennt exemplarisch auf Finanzen fokussierte Community Sites.

Tabelle 3.9: Auf Finanzen spezialisierte Community Sites (Stand 10.10.1999).

Finanzen	Name	WWW-Adresse
Deutsche Finanzwelt	bizcity	http://www.bizcity.de/
Amerikanische Finanzwelt	E*TRADE	http://www.etrade.com/
Amerikanische Finanzwelt	Fool.com	http://www.fool.com/

3.3.3.2 Sport

Sport ist im Leben vieler Menschen ein zentraler Punkt. Aus diesem Grund wird über
Sportthemen dementsprechend ausführlich und variantenreich in den Medien berichtet. Dies ist auch im Web der Fall. Wie bei den Portal Sites gibt es zwei unterschiedliche Ausprägungen. Die erste hat nicht nur eine spezielle Sportart als
zentrales Element, sondern versucht einen breiten Überblick über den Sport an sich
zu verschaffen. Die zweite hat eine Sportart zum Mittelpunkt ihres Bestehens gemacht. Die breite Behandlung von Sportarten läßt zum Teil nur eine oberflächliche
Inhaltsabfrage und Diskussion zwischen den Mitgliedern zu, während die
Spezialisierung eine fachlich fundiertere Interaktion unter den Teilnehmern auf-
kommen läßt. Tabelle 3.10 nennt exemplarisch auf Sport fokussierte Community
Sites.

Tabelle 3.10: Auf Sport spezialisierte Community Sites (Stand 10.10.1999).

Sport	Name	WWW-Adresse
Alle Sportarten	4therecord.com	http://www.4therecord.com/
Alle Sportarten	CBS.SportsLine.com	http://www.sportsline.com/
Tauchsport	Tiefenrausch	http://www.tiefenrausch.de/

3.3.3.3   Wissenschaft und Technik

Die Wissenschaft war eine der ersten Disziplinen, die den Wert von virtuellen Gemeinschaften erkannte und dieses Wissen umsetzte. Die am Bereich Wissenschaft
und Technik Interessierten haben in der Regel gute bis sehr gute Kenntnisse im
Umgang mit Computern und Netzwerken. Folglich sind Computerwissenschaften als
Themenschwerpunkt für Communities geeignet. Aber auch in anderen wissenschaftlichen und technischen Gebieten wie Elektrotechnik, Raumfahrt etc. finden
derartige Treffpunkte Zuspruch. Sie gewährleisten eine bequeme und vor allem
schnelle Beschaffung von Fachwissen und Fachinformationen. Tabelle 3.11 nennt
exemplarisch auf Wissenschaft und Technik fokussierte Community Sites.

Tabelle 3.11: Auf Wissenschaft und Technik spezialisierte Community Sites (Stand 10.10.1999).

Wissenschaft / Technik	Name	WWW-Adresse
Chemie	American Chemical Society	http://www.acs.org/
Digitale Kameratechnik	Digital Camera Resource	http://www.dcresource.com/
Internet	Internet Society	http://www.isoc.org/

3.3.3.4   Reisen

Die Reiselust der modernen Bevölkerung wird durch immer mehr Reiseanbieter und
Urlaubsziele befriedigt. Reiselustige informieren sich über ihr Urlaubziel in den
Reisebüros der Veranstalter, lesen Berichte, Reiseführer und fragen Mitmenschen,
die bereits vor Ort gewesen sind. Erfahrungsberichte von Mitmenschen sind häufig
subjektiver Natur und müssen nicht unbedingt für den Fragenden zutreffend sein.
Dennoch greift der Interessierte gerne auf diese Erfahrungsquelle zurück. Das größte
Problem ist jedoch das Auffinden einer Person, die über das gewünschte Reiseziel
berichten kann. Abhilfe schaffen hier Reise-Communities, in denen die Mitglieder

ihre persönlichen Erkenntnisse, Bilder, Insider-Tips und Hinweise bezüglich eines Reiseziels, Verhaltensweisen etc. für andere hinterlegen können und für Fragen zur Verfügung stehen. Dieser Austausch untereinander ist für viele Mitglieder wertvoller als jeder Urlaubskatalog oder Reiseführer. Die erhaltenen Informationen unterliegen subjektiven Bewertungen, sind aber von keinem Anbieter beeinflußt. Tabelle 3.12 nennt exemplarisch auf Reisen fokussierte Community Sites.

Tabelle 3.12: Auf Reisen spezialisierte Community Sites (Stand 10.10.1999).

Reisen	Name	WWW-Adresse
Reisen weltweit	cabana	http://www.cabana.net/
Kreuzfahrten	Cruise Travel Network	http://www.cruisetravel.com/
Südostengland	South East England Tourist	http://www.seetb.org.uk/

3.3.3.5 Gesundheit

Der Bereich Gesundheit ist ebenfalls stark von persönlichen Erfahrungen geprägt. Inhalte und Berichte von erfahrenen Medizinern und Forschern sind ohne Frage von sehr großer Bedeutung. Die Erlebnisse und Einschätzungen von direkt Betroffenen verzeichnen aber ebenfalls einen hohen Stellenwert. Themenschwerpunkte in gesundheitsspezifischen Communities sind beispielsweise gesunde Lebensweisen, Krankheiten und krankheitsvorbeugende Maßnahmen. Interaktionsthemen sind somit unter anderem gesunde Ernährung, Rauchen, Schmerzen, Krebsvorbeugung und Schwangerschaften. In den virtuellen Gemeinschaften können zudem in Diskussionsrunden eingeladene Experten auf unkomplizierte Art und Weise befragt werden, ohne daß deren Praxis aufgesucht und ein Besprechungstermin festgelegt werden muß. Dies ist ein weiterer Vorteil gegenüber herkömmlichen Verfahrensweisen. Tabelle 3.13 nennt exemplarisch auf Gesundheit fokussierte Community Sites.

Tabelle 3.13: Auf Gesundheit spezialisierte Community Sites (Stand 10.10.1999).

Gesundheit	Name	WWW-Adresse
Hypertonie	@Hypertonie	http://www.hypertonie.com/
Allgemeinmedizin	MedForum	http://www.lifeline.com/
Allgemeine Gesundheit	OnHealth	http://www.onhealth.com/

3.3.3.6   Politik und Weltgeschehen

Politik und Weltgeschehen sind eng miteinander verknüpft. Die Politik hat Einfluß auf das Weltgeschehen und umgekehrt. Die Vernetzung über das Web schafft auf den Web-Seiten einer Community eine virtuelle Plattform für die Auseinandersetzung mit Politik beziehungsweise Weltgeschehen und deren Auswirkungen. Politisch Interessierte können durch ihre Mitgliedschaft auf politische Inhalte, Berichte und Entscheidungen zugreifen, in Diskussionen ihre Meinung äußern und durch eigene Beiträge neue Impulse für weitere Interaktionen setzen. Innere Sicherheit, Bildungssystem, Arbeitsmarkt, Steuerprogramme, Wahlvorbereitungen etc. stehen im Mittelpunkt, aber auch die politischen Ereignisse in anderen Ländern werden aus verschiedenen Blickwinkeln beleuchtet. Das Weltgeschehen schafft sich durch Ereignisse in den fünf Kontinenten des Globus immer wieder selbst neuen Diskussionsstoff. Tabelle 3.14 nennt exemplarisch auf Politik und Weltgeschehen fokussierte Community Sites.

Tabelle 3.14: Auf Politik und Weltgeschehen spezialisierte Community Sites (Stand 10.10.1999).

Politik / Weltgeschehen	Name	WWW-Adresse
Amerikanische Politik	Policy.com	http://www.policy.com/
Deutsche Politik	puk	http://www.puk.de/
Weltgeschehen	The World Revolution	http://www.worldrevolution.org/

3.3.3.7   Lifestyle

Unter den Begriff Lifestyle lassen sich die verschiedensten Lebenseinstellungen subsumieren, die sich durch Interessen, Zielsetzungen und Struktur einer bestimmten Personengruppe auszeichnen [NIES97, S. 86]. Verschiedene modische Trends, neu entwickelte Extremsportarten, ausgefallene Lebensphilosophien und verschiedene geschlechtliche Neigungen sind nur einige Beispiele, die unter der Rubrik Lifestyle zusammengefaßt werden können. Menschen, die ihr Leben nach einem bestimmten Lifestyle ausrichten, sind aufgrund ihrer ausgefallenen Einstellungen sehr weit unter der Bevölkerung verstreut. Die Folge ist, daß sich diese Gleichgesinnten nur auf speziellen Veranstaltungen wie Messen und Extremsportwettkämpfen oder über spezifische Printmedien und Anzeigen zusammenfinden. In Lifestyle-Communities kann das Mitglied seinem Faible nachkommen, sich auf dem Laufenden halten und mit Teilnehmern gleicher Veranlagung in Kontakt treten. Tabelle 3.15 nennt exemplarisch auf Lifestyle fokussierte Community Sites.

Tabelle 3.15: Auf Lifestyle spezialisierte Community Sites (Stand 10.10.1999).

Lifestyle	Name	WWW-Adresse
Rockerkult	Rock Hard Online	http://www.rockhard.de/
Skates, Skate-Boards etc.	Skating.com	http://www.skating.com/
Teenagerkult	Teen.com	http://www.teen.com/

3.3.3.8 Kultur

Die multimedialen Eigenschaften des Webs kommen den virtuellen Gemeinschaften der Kulturszene besonders zugute. Neben Texten sind es vor allem Töne, Musik, Bilder und Animationen, die in dieser Rubrik gefragt sind. Von der immer besser werdenden Technik werden auch diese Communities profitieren. In der Kulturszene sind die Musik, die Kunst und der Film die zentralen Elemente. Inhalte und Diskussionen befassen sich häufig mit prominenten Persönlichkeiten und mit deren veröffentlichten Liedern, Filmen, Bildern etc.. Zudem versuchen die Betreiber die Attraktivität der Web-Seiten für die Mitglieder beispielsweise durch die Teilnahme von Stars in Diskussionsgruppen und durch Gewinnspiele, bei denen der Gewinner einen von seinem persönlichen Star signierten Gegenstand gewinnen kann, zu erhöhen. Tabelle 3.16 nennt exemplarisch auf Kultur fokussierte Community Sites.

Tabelle 3.16: Auf Kultur spezialisierte Community Sites (Stand 10.10.1999).

Kultur	Name	WWW-Adresse
Kunstmalerei	AngelArt	http://angelart-gallery.com/
Kultur und Kulinarisches	GARUM.COM	http://www.garum.com/
Musik und Interpreten	Music.com	http://www.music.com/

3.3.3.9 Phantasie

Eine besondere Ausprägung themenspezifischer Communities sind Phantasiewelten, in denen sich Teilnehmer treffen, die Identität virtueller Persönlichkeiten annehmen und an Rollenspielen partizipieren können [HAGE97, S. 35f.]. Ein Beispiel für derartige Gemeinschaften sind Multi-User-Dungeons (MUDs), die aus organisierten Netzumgebungen bestehen und den Teilnehmern die Annahme einer Vielzahl von Phantasierollen ermöglichen. Eine Phantasierolle in einer MUD kann beispielsweise ein Ritter im Mittelalter sein, der sich gegen Zauberer, Hexenmeister und Drachen behaupten muß. Andere Gemeinschaften haben dagegen einen näheren Bezug zum Alltag. Die Teilnehmer sind in der Lage, virtuelle Sportmannschaften aufzustellen, die Namen und sportliche Eigenschaften von realen Spielern verwenden. Die von Teilnehmern zusammengestellten Teams treten in einer Liga gegeneinander an und simulieren den Verlauf einer Spielsaison. Diese Formen von virtuellen Communities ziehen Teilnehmer weltweit in ihren Bann, und besonders die MUDs können sich zu sehr komplexen und langandauernden Spielen entwickeln. Tabelle 3.17 nennt exemplarisch auf Phantasiewelten fokussierte Community Sites.

Tabelle 3.17: Auf Phantasie spezialisierte Community Sites (Stand 10.10.1999).

Phantasie	Name	WWW-Adresse
Virtuelle Stadt	Cybertown	http://www.cybertown.com/
Sportspiele	ESPN Fantasy Games	http://games.espn.go.com/
Legenden und Sagen	Land of Legends MUD	http://www.legendz.com/

3.3.4 Mischformen

Das Wachstum einer virtuellen Gemeinschaft kann eine Mischung der inhaltlichen Schwerpunkte von konsumentenorientierten Communities zur Folge haben. Dies verhindert eine exakte Zuteilung in eine bestimmte Klasse. Innerhalb einer themenspezifischen Sport-Community kann sich beispielsweise eine Subgemeinschaft bilden, die sich auf die Sportbedürfnisse von Senioren spezialisiert. Von diesem Punkt aus kann sich folglich eine demographische Gemeinschaft bilden, die sämtliche Bedürfnisse der sportiven Senioren oder sogar der Senioren insgesamt abdeckt. Eine weitere Subgemeinschaft kann sich mit Sportarten aus den USA auseinandersetzen und auf diesem Weg zu einer geographischen Community werden. Abbildung 3.2 verdeutlicht die entstehenden Mischformen am Beispiel einer Sport-Community.

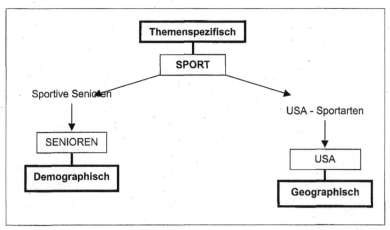

Abbildung 3.2: Subgemeinschaften einer Sport-Community, in Anlehnung an [HAGE97, S. 148].

Community Sites wie die von Fortune City (< http://www.fortunecity.com >), theglobe.com (< http://www.theglobe.com >) und XOOM.COM (< http://www. xoom.com >) bieten auf ihren Web-Seiten eine Vielfalt an virtuellen Communities an, die sich nicht auf ein spezielles Themengebiet fixieren, sondern einen Mix aus überwiegend themenspezifischen Communities offerieren. Diese Zusammenfassung von Communities unter einem gemeinsamen Dach erfolgt in erster Linie mit der Intention, eine möglichst hohe Attraktivität auszuüben und eine Vielzahl der Interessen von Nutzern zu bedienen.

3.4 Unternehmensorientierung

Der Begriff Business-to-Business steht für die Interaktion zwischen mindestens zwei Unternehmen, bei denen zum Beispiel Such-, Bestellungs- und Abwicklungsprozesse automatisch und ohne Medienbruch erfolgen. Business-to-Business-Communities sind entweder in einer sehr frühen Entwicklungsphase oder ein erster Ansatz für den Informationsaustausch in einer virtuellen Gemeinschaft zwischen Unternehmen über das WWW [HAGE97, S. 144]. Ihre quantitative Präsenz ist mit der von konsumentenorientierten Community Sites noch nicht zu vergleichen, aber die Bedeutung der Kommunikation und Interaktion von Unternehmen zu Unternehmen über das multimediale Medium wird zunehmen. Der Verbund von Unternehmen mit Hilfe einer virtuellen Community hat eine Steigerung der Effizienz und eine Vereinfachung betriebswirtschaftlicher Prozesse durch die gemeinsame Interessen-vertretung zur Folge. Vor allem aber ist es die schnelle und verwaltungsarme Interaktion unter den Mitgliedern, die für das Potential derartiger Zweckgemeinschaften spricht (siehe Anhang S. 109, Abbildung 9). Einige Ansätze von Communities, die nach den Kriterien geographische Reichweite, bestimmte Unternehmensgruppen, vertikale Industrie und funktionsbezogene Fokussierung kategorisiert sind sowie deren Mischformen, sind mit Blick auf die Realität theoretische Modelle, deren Umsetzung noch nicht erfolgt ist. Dies ist jedoch in der Zukunft durchaus denkbar.

3.4.1 Geographische Reichweite

Geographische Gemeinschaften konzentrieren sich ebenfalls wie die bereits erwähnten konsumentenorientierten geographischen Community Sites auf einen geographischen Raum wie Länder, Regionen oder Städte [HAGE97, S. 146]. Eine mögliche Ausprägung ist eine virtuelle Gemeinschaft, in der sich Unternehmen zusammenfinden, die ihre Vertriebskanäle in einer bestimmten Stadt oder ländlichen Region haben. Durch die Teilnahme an der Community können die Unternehmen Informationen und Erfahrungen abfragen, die ihre Tätigkeit oder ihr Umfeld beeinflussen, und können sich darauf aufbauend besser auf Marktgegebenheiten einstellen beziehungsweise auf Marktveränderungen reagieren. Die gewonnenen Erkenntnisse erlauben eine effizientere Befriedigung von Kundenbedürfnissen durch die gemeinsame Analyse von Kundenprofilen, eine Koordination von Auswirkungen auf die Geschäftstätigkeit durch staatliche Interventionen, oder einen Zugriff auf Dienstleistungen anderer Anbieter und sind so eine Plattform für Geschäftsanbahnungen.

3.4.2 Communities für bestimmte Unternehmensgruppen

Die Bildung von virtuellen Gemeinschaften für spezifische Unternehmensgruppen dient in erster Linie der Bedürfnisbefriedigung von Unternehmen gleicher Art, die sich keinem einheitlichen geographischen, industriellen oder funktionsbezogenen Bereich zuordnen lassen. Kriterien hierfür sind unter anderem die Größe einer Unternehmung oder deren Organisations- beziehungsweise Strukturform. Kleine Unternehmen, Franchisenehmer, exportierende oder importierende Firmen sind Beispiele für die verschiedenen Ausprägungen von Unternehmensgruppen. Exportierende Unternehmen kommunizieren teilweise über Handelsinstitutionen des Staates und stehen nicht in direktem Kontakt. Dieser Mißstand, in der Regel durch Zeit- und Kostenaufwand bedingt, verhindert aufgrund der fehlenden Vernetzung und des mangelnden Zugangs zu Informationen eine über Grenzen hinweggehende, zeitnahe und regelmäßige Interaktion der Betroffenen. Dies führt zu einer Trägheit von Prozessen und entgangenen Gewinnchancen [HAGE97, S. 146f.].

3.4.3 Vertikale Industrie

Community Sites der vertikalen Industrie sind für Teilnehmer gedacht, die in der gleichen Branche tätig sind. Der Tausch von Fachkenntnissen und Expertenwissen steht hier bei der Nutzung im Vordergrund. Die zunehmende Vernetzung der Unternehmen sowohl intern als auch extern hat dabei einen entscheidenden Einfluß auf die Entstehung derartiger Gemeinschaften. Bei der quantitativen Verbreitung dieser Kommunikationsform zwischen Unternehmen spielen die Eignung für die Online-Welt und die Größe der jeweiligen Branche eine bedeutende Rolle. In einer mit PC-Technologie gut ausgestatteten Branche werden Communities schneller Fuß fassen und für eine entsprechende Entfaltung sorgen [HAGE97, S. 144f.].

Die Bildung von virtuellen Communities im Business-to-Business-Bereich findet in der vertikalen Industrie besonders hohen Zuspruch. In diesen Gemeinschaften befinden sich die Inhalte auf einem hohen qualitativen Niveau und verfügen neben Produktinformationen über Nachrichten und Entwicklungen im jeweiligen Industriezweig, über Branchenverzeichnisse von Lieferanten etc.. Fachkräfte können sich umfassend informieren und ihren jeweiligen fachlichen Interessen nachgehen. Dies hat zur Folge, daß diese Form der Community Sites zu der am stärksten wachsenden Ausprägung in der Geschäftswelt zählt. Communities der vertikalen Industrie lassen sich in die primären, sekundären und tertiären Produktionssektoren gliedern.

3.4.3.1 Primärer Produktionssektor

Zum primären Sektor gehören Unternehmen der Urproduktion, deren Produkte durch An- oder Abbau (Rohstoffgewinnung) hergestellt werden. Die auf diesem Weg erzeugten Produkte dienen in erster Linie der Weiterverarbeitung [JUNG98, S. 16]. Die Landwirtschaft und Unternehmen, die sich mit dem Abbau beziehungsweise mit der Aufbereitung von Rohstoffen beschäftigen, sind in der Regel die Mitglieder in Communities des primären Sektors. Ein Landwirt kann somit beispielsweise von der Erfahrung anderer Landwirte profitieren oder selbst Beiträge mit seinen Ratschlägen versehen. Teilnehmer aus der Wasserindustrie diskutieren und informieren sich über neue gesetzliche Richtlinien, Wasserqualität und Aufbereitung. Tabelle 3.18 nennt Beispiele von Community Sites aus dem primären Sektor.

Tabelle 3.18: Community Sites aus dem primären Produktionssektor (Stand 10.10.1999).

Primärer Sektor	Name	WWW-Adresse
Landwirtschaft	@griculture Online	http://www.agriculture.com/
Öl- und Gasindustrie	Oil and Gas Online	http://www.oilandgasonline.com/
Wasserwirtschaft	Water Online	http://www.wateronline.com/

3.4.3.2   Sekundärer Produktionssektor

Unternehmen, die Güter verschiedenster Art produzieren, gehören der verarbeitenden Industrie an und sind dem sekundären Sektor zuzuordnen [JUNG98, S. 16]. Die Zusammenhänge in dieser Industrie werden aufgrund des technischen Fortschritts in zunehmendem Maße komplexer. Der Austausch von Erkenntnissen und die gegenseitige wissensbasierte Unterstützung von Unternehmen sind zu einer tragenden Säule der wirtschaftlichen Existenz geworden. Communities erleichtern durch ihre Schnelligkeit und bequeme Verfügbarkeit den Transfer von Know-how der Produzenten. Tabelle 3.19 nennt Beispiele von Community Sites aus dem sekundären Sektor.

Tabelle 3.19: Community Sites aus dem sekundären Produktionssektor (Stand 10.10.1999).

Sekundärer Sektor	Name	WWW-Adresse
Chemieindustrie	Chemical Online	http://www.chemicalonline.com/
Petroleumindustrie	Institute of Petroleum	http://www.petroleum.co.uk/
Bekleidungsindustrie	The Virtual Garment Center	http://www.spacelab.net/~garment/

3.4.3.3   Tertiärer Produktionssektor

Bei Unternehmen des tertiären Sektors handelt es sich bei den Produkten um Dienstleistungen [JUNG98, S. 16]. Die Inanspruchnahme von virtuellen Gemeinschaften im Dienstleistungsbereich profitiert von dem hohen Integrationsgrad an computerunterstützten Systemen. Telekommunikation, Medizin, Biotechnik etc. und vor allem deren Forschung beziehungsweise Entwicklung verfügen über hohe technische Standards und bilden folglich eine sehr gute Basis für die Teilnahme am Informationstransfer über das WWW. Die Softwarebranche hat zusätzlich noch den Vorteil, daß deren Dienstleistungen aufgrund ihrer Beschaffenheit über das Web ausgeführt werden können, was bei anderen Dienstleistungen nicht der Fall ist. Tabelle 3.20 nennt Beispiele von Community Sites aus dem tertiären Sektor.

Tabelle 3.20: Community Sites aus dem tertiären Produktionssektor (Stand 10.10.1999).

Tertiärer Sektor	Name	WWW-Adresse
Anwälte	American Lawyer Media	http://www.americanlawyer.com/
Biotechnik	BioSpace.com	http://www.biospace.com/
Medizin	MEDLINE	http://medline.cos.com/

3.4.3.4   Virtuelle Geschäftswelt

Die in Kapitel 3.3.3.9 erwähnten Community Sites, die ihre Mitglieder in Phantasiewelten agieren lassen, sind ebenfalls im Business-to-Business-Bereich denkbar. Die Teilnehmer können durch Simulationen bestehende Geschäftspraktiken intensiver analysieren und neue Strategien ausprobieren, ohne dabei Konsequenzen auf ihr reales Unternehmensumfeld befürchten zu müssen. Weiterhin können Händler auf virtuellen Märkten um Kunden und Marktanteile konkurrieren oder Juristen in gestellten Prozessen ihre jeweiligen Taktiken vor einem virtuellen Gericht unter Beweis stellen [HAGE97, S. 36].

3.4.4   Funktionsbezogene Fokussierung

Funktionsbezogene Community Sites sind für Teilnehmer gedacht, die eine bestimmte Funktion beispielsweise in der Informationstechnologie oder in der Entwicklung im Unternehmen innehaben. Die Informationsversorgung und Kontaktpflege von Spezialisten in solchen Schlüsselpositionen eines Unternehmensbereiches wird heutzutage hauptsächlich durch Fachzeitschriften beziehungsweise Fachliteratur, Fachmessen, Konferenzen und unternehmensübergreifende Verbände gewährleistet. Die Einbeziehung von virtuellen Gemeinschaften

- fördert eine schnelle und zugleich bequeme Interaktion von Spezialisten,

- bietet einen selektiven Zugriff auf eine fachspezifische Wissensbasis und

- gewährleistet eine effizientere Informationsverarbeitung.

Bevorzugt werden sich funktionsbezogene Gemeinschaften in den Bereichen Informationstechnologie, Forschung und Entwicklung plazieren, da hier die Mitarbeiter in der Regel über ein hohes Maß an Computerwissen verfügen und die Nutzung des WWW in viele Anwendungen bereits stark integriert ist [HAGE97, S. 145f.]. Die zügigere Ansiedlung von virtuellen Gemeinschaften in speziellen Branchen verhält sich ähnlich wie in der vertikalen Industrie, aber mit der Zeit werden auch weitere Unternehmensbereiche wie Marketing, Vertrieb oder Finanzen mit einer Anbindung zu virtuellen Gemeinschaften versorgt sein. Ein Verzicht auf Fachmessen oder Konferenzen durch virtuelle Gemeinschaften wird aber nur schwer realisierbar sein, da ein Austausch zwischen Menschen von Angesicht zu Angesicht immer noch einen sehr hohen Stellenwert in der Gesellschaft hat [HAGE97, S. 146].

3.4.5 Mischformen

Mischformen unternehmensorientierter Communities können ihren Ursprung vor allem im Sektor der vertikalen Industrie haben. Eine Community der Chemie-industrie könnte als Ausgangspunkt in Frage kommen. Die Einbeziehung von Ein-käufern von Chemieprodukten aus dem Großhandel (funktionsbezogen) würde im nächsten Schritt zur Bildung einer Subgemeinschaft führen. Weitere Subgemein-schaften können unternehmensgruppenspezifische und geographische Aspekte berücksichtigen. Abbildung 3.3 zeigt exemplarisch Mischformen im unternehmens-orientierten Community-Sektor auf.

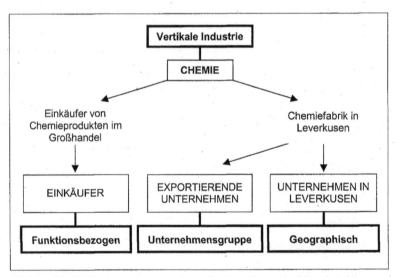

Abbildung 3.3: Mischformen aus dem unternehmensorientierten Community-Sektor, in Anlehnung an [HAGE97, S. 150].

3.5 Einnahmequellen von Community Sites

Der fließende Übergang von rein anti-kommerziellen zu wirtschaftlich ausgerichteten Community Sites wurde bereits in Kapitel 3.2 beschrieben, so daß die im
WWW vertretenen Gemeinschaften in der Regel betriebswirtschaftlichen Zielen
nachgehen. Die in Kapitel 2.5.3 erwähnte Free-Rider-Mentalität, die durch kostenlose Nutzung von Service und Diensten im WWW eine gering ausgeprägte
Zahlungsbereitschaft vorherrschen läßt, erschwert es den Communities, für ihre
Leistungen Entgelt von den Mitgliedern zu verlangen. Die Vermarktung von Flächen
auf Web-Seiten für Werbebotschaften und weiterlotsende Links, die Erhebung eines
Mitgliedsbeitrages und der Vertrieb von Produkten beziehungsweise Dienstleistungen beruhen auf der gleichen Basis wie bei Portal Sites (siehe Kapitel 2.5).
Digitalen Vertrieb kann der Betreiber einer Community selbst oder als Empfänger
von Provisionen für handelsfördernde Funktionen realisieren.

In Bezug auf Transaktionen hat der Organisator einer virtuellen Community
gleichzeitig die Ansprüche der Anbieter einerseits und der Nachfrager andererseits
zu erfüllen. Er darf das in ihn gesetzte Vertrauen der Mitglieder nicht mißbrauchen
und muß sich für deren Interessen engagieren. Für die Transaktionssucher jedoch
muß er eine wirtschaftlich reizvolle Alternative zur selbständigen Erschließung des
Marktes sein. Eine Mißachtung der an ihn von beiden Parteien gestellten Ansprüche
hat einen Verlust der Geschäftsgrundlage zur Folge, weil entweder Nachfrager oder
Anbieter die Community verlassen würden [HEIL99, S. 239]. Im Vergleich zu Portal
Sites können bei Community Sites zudem Einnahmen über Nutzungs-, Teilnahme-
gebühren und die Vermarktung von Mitgliederinformationen erzielt werden. Das
allgemeine Ertragswachstum einer Gemeinschaft wird dabei durch mehrere inter-
agierende und sich gegenseitig verstärkende Zyklen beeinflußt. Abbildung 3.4 veranschaulicht diese Zyklen.

3.5.1 Nutzungs- und Teilnahmegebühren

Nutzungsgebühren sind abhängig von der Benutzungsdauer, der Anzahl abgerufener
Inhalte oder einer Kombination aus beiden Komponenten. Bei den Teilnahme-
gebühren können Kosten für das Mitglied durch die Bereitstellung speziell abgerufener Informationen, wie zum Beispiel ein Gesetzeskommentar, oder durch die
Inanspruchnahme von Spezialdiensten wie Suchagenten anfallen [HAGE97, S. 61].

3.5.2 Vermarktung von Informationen

Der Schwerpunkt einer Community Site versammelt WWW-Anwender um sich, die alle das Interesse an einem bestimmten Thema haben, und vereinfacht Transaktions-suchern eine Selektion von Adressaten ihrer Marketingaktivitäten im WWW. Die Kommunikation innerhalb der Community und die Verhaltensweisen der Teil-nehmer lassen Rückschlüsse auf Präferenzen und Bedürfnisse zu. Der Betreiber einer Community Site kann die auf diesem Weg mit Hilfe technischer Anwendungen gewonnenen Erkenntnisse als Dienstleistung an Unternehmen vermarkten, die, wie die Praxis zeigt, hohen Wert auf konsumentenspezifische Informationen legen. Die Unternehmen erhoffen sich dadurch, ein zielgerichtetes Marketing betreiben und die Verluste von fehlplazierter Werbung vermeiden zu können [HEIL99, S. 233].

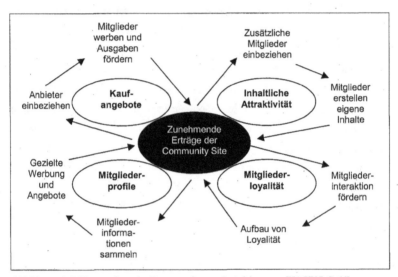

Abbildung 3.4: Zyklen zunehmenden Ertragswachstums, in Anlehnung an [HAGE97, S. 66].

4 Transaktionsbeziehungen durch Portal und Community Sites

Das WWW gewährleistet ein direktes Zusammentreffen von Anbietern und Nachfragern über geographische Grenzen hinweg. Die Interaktivität unter den Teilnehmern ermöglicht sowohl einen Informationsfluß vom Anbieter zum Kunden als auch einen in die entgegengesetzte Richtung [HEIL99, S. 52]. Die unüberschaubare Anzahl heterogener Angebote erlaubt es jedoch beiden Marktteilnehmern nicht, ihre Entscheidungen gegenüber herkömmlichen Märkten besser informiert zu treffen. Eine Überprüfung der jeweiligen Qualität kann nur ex post exakt bestimmt werden.

Portale und Communities sind aufgrund ihrer Eigenschaften zentrale Anlaufpunkte. Sowohl für die Nachfrager- als auch für die Anbieterseite bieten sie betriebswirtschaftliche Anreize und tragen vor allem zur Reduktion von Such- und Anbahnungskosten von Transaktionen auf beiden Seiten bei. Für den Nachfrager ergeben sich Vorteile, da er

- bequemen Zugang zu den Offerten hat,

- besseren Marktüberblick besitzt,

- Preisdruck aufgrund einfacher Angebotsvergleiche ausüben kann und

- seine Sicherheit bei Transaktionen erhöht.

Auf der Anbieterseite zeigen sich die Vorteile durch

- verbesserten Zugang zum Kunden,

- Einsparung von Angebotskosten,

- Erhöhung der Transaktionssicherheit und

- aktive Organisation des elektronischen Marktes [HEIL99, S. 127f.].

Zu den klassischen Anbietern zählen Unternehmen, die ihre eigenen Produkte und Dienstleistungen direkt an die Abnehmer vertreiben, und Intermediäre, die als Zwischenstation Güter und Leistungen von Dritten absetzen [HEIL99, S. 44]. Aber die im WWW professionell organisierten Auktionen und die Verhandlungsmacht von großen virtuellen Communities, lassen den Konsumenten beziehungsweise Endabnehmer immer mehr in eine Anbieterfunktion treten. Diese Entwicklung wird in den Kapiteln 4.4 und 4.5 ausführlich beleuchtet.

Zu den klassischen Nachfragern gehören Unternehmen, Firmen, die von Dritten erstellte Güter in ihren eigenen Wertschöpfungsprozeß aufnehmen, und Konsumenten [HEIL99, S. 44]. Auch auf der Nachfragerseite hat die verstärkte Anbieterposition der Konsumenten durch das WWW Auswirkungen auf das Nachfrageverhalten von Unternehmen.

Das WWW wird gegenwärtig in hohem Maße überwiegend für Marketingaktivitäten verwendet, aber eine zunehmende Bedeutung als Transaktionsplattform ist unverkennbar. Die gehandelten Güterarten unterscheiden sich im Wesentlichen nicht von denen konventioneller Märkte und können auf den elektronischen Markt übertragen werden. Zu diesen zählen materielle Güter (Realgüter) wie Produktions-, Investitions- beziehungsweise Konsumgüter, Zwischenprodukte, immaterielle Güter wie Dienstleistungen und Softwareprogramme und Nominalgüter wie Geld und sonstige Forderungen [HEIL99, S. 45].

Ein Transaktionssucher wird bei seinen ökonomischen Aktivitäten nur dann Portal und Community Sites im WWW in Anspruch nehmen, wenn diese einen Mehrwert für ihn bringen. Die Realisierung von Mehrwert beginnt beim visuellen Auftritt der jeweiligen Web-Seite. Eine leicht zu bedienende Benutzeroberfläche und ein logischer, schnell zu überblickender Aufbau der Inhalte demonstrieren die Kompetenz und tragen zur zügigeren Entscheidungsfindung der Anwender bei [HEIL99, S. 225]. Die Attraktivität und die Qualität der Angebote sind weiterhin ausschlaggebend für die Besucherfrequenz von Web-Lokalitäten. Gerade hier sind Portal und Community Sites sehr erfolgversprechend, da sie aufgrund ihrer Bündelungsfunktion leichter die nötige Aufmerksamkeit von Usern auf sich ziehen und die auf dem Markt vorherrschende Komplexität zugunsten von Käufer und Verkäufer reduzieren können. Deutlich wird der Bedarf an Bündelung durch die Tatsache, daß Web-Seiten von selbständig handelnden, transaktionssuchenden Unternehmen vielfach dem Anwender nicht die nötigen Anreize anbieten können, und der wiederholte beziehungsweise regelmäßige Besuch der Seite in der Zukunft nicht mehr erfolgt.

Die elektronische Abwicklung von Transaktionen im WWW beeinflußt entscheidend Geschäftsmodelle (siehe Kapitel 4.1) und ist nicht nur auf den Handel zwischen gewerblichen Anbietern (Business-to-Business-Beziehung, siehe Kapitel 4.2) begrenzt. Ebenso etablieren sich im Web in zunehmendem Maße wirtschaftliche Beziehungen zwischen Unternehmen und privaten Konsumenten (Business-to-Consumer, siehe Kapitel 4.3), zwischen privaten Konsumenten untereinander (Consumer-to-Consumer, siehe Kapitel 4.4) und zwischen privaten Konsumenten und Unternehmen (Consumer-to-Business, siehe Kapitel 4.5).

4.1 Geschäftsmodelle im World Wide Web

Der digitale Vertrieb über das WWW hat weltweit großen Einfluß auf die Veränderung der Geschäftsmodelle von Unternehmen. Die Nutzung des global zugreifbaren und 24 Stunden pro Tag verfügbaren Netzes versetzt die Unternehmen in die Lage, eine Erweiterung ihrer Geschäftsfelder, eine permanente Vertriebsbereitschaft und eine Reduktion ihrer Kosten zu realisieren. Die Motivation für die Unternehmen ergibt sich aus mehreren Aspekten, von denen die wichtigsten in Tabelle 4.1 zusammengefaßt werden.

Tabelle 4.1: Wirtschaftliche Aspekte des WWW-Einflusses auf die Geschäftsmodelle.

	Traditionelles Geschäftsmodell	Duales Geschäftsmodell	Virtuelles Geschäftsmodell
Intention	Marketing	neuer Vertriebskanal	einziger Vertriebskanal
WWW-Engagement	niedrig	mittel - hoch	hoch
Ausschaltung des Handels	niedrig	hoch	sehr hoch
Marken-etablierung	einfache Transformation	einfache Transformation	schwieriger Prozeß
Handlungs-bedarf	hoch	mittel - hoch	mittel - hoch

Unternehmen mit traditioneller, physischer Präsenz auf konventionellen Märkten in Form von Handelshäusern, Filialen, Geschäften und Büros werden weiterhin ihr bestehendes Konzept verfolgen, aber eine Aufrechterhaltung der Wettbewerbsfähigkeit wird eine Partizipation beziehungsweise eine Verlagerung von Aktivitäten in die Online-Welt voraussetzen. Zu groß sind die Risiken und prophezeiten Gewinneinbußen, die eine Ablehnung beziehungsweise ein Widerstand gegenüber dem digitalen Vertrieb verursachen würde. Viele Firmen haben deshalb den ersten Schritt bereits vollzogen, und die Web-Präsenz ist für sie zu einer Selbstverständlichkeit geworden. Unternehmen, die ihre im konventionellen Markt gefestigten Markennamen, ihre ursprünglichen Inhalte und ihre Kundentreue in das neue Medium übertragen können, haben gute Chancen auf eine erfolgreiche Etablierung ihres Web-Auftritts. Dies trifft bereits auf viele Firmen in den Bereichen Zeitungen, Wertpapiere, Sport etc. zu [LIPT98]. Die Ausdehnung des Tätigkeitsfeldes auf das WWW dient einer globalen Reichweite und ist oft durch den Wettbewerbsdruck entstanden. Die bereits web-aktiven Unternehmen werden ihre Anstrengungen weiterhin erhöhen, indem sie ihre Konzepte überarbeiten und ihre Strategien dem fortschreitenden Medium anpassen. Durch dieses gesteigerte Engagement wird ein Konflikt mit bestehenden Vertriebskanälen befürchtet, was zu einer negativen Einstellung von alteingesessenen Absatzstrategen gegenüber dem Web führt. Da jedoch der elektronische Handel den Vertrieb über die bestehenden Absatzbereiche hinaus beziehungsweise weltweit fördern soll, dürften sich die Wogen schnell glätten.

Ein Unternehmen, das sich für den Direktvertrieb an den Konsumenten entschließt, wird allerdings in Bezug auf bestehende Absatzkanäle mit einem Kannibalismuseffekt konfrontiert sein. Ein Konsumgüterhersteller, der seine Produkte selbst über das WWW vertreiben will, konkurriert mit seinen eigenen Absatzkanälen. Die Ausweitung des Online-Geschäftes wird folglich für die Unternehmen mit negativen Auswirkungen behaftet bleiben, wenn sie es nicht schaffen, neue Intermediäre zu gewinnen, bevor die alten die Geschäftsbeziehungen aufgekündigt haben. Die daraus resultierende zaghafte Ausweitung der Online-Aktivitäten verschafft den neu gegründeten und nur im elektronischen Handel agierenden Unternehmen den erheblichen Vorteil, als erster den virtuellen Markt erschließen und erobern zu können [LAMM99, S. 20f.]. Ein interessanter Aspekt ist die gegenseitige

Beeinflussung von Web-Seiten der Händler und Unternehmen, die einen Markennamen in der physischen Geschäftswelt besitzen, und bereits etablierten Portalen
[LAMM99, S. 29]. Dies gilt besonders dann, wenn die Online-Präsenz nicht nur aus
Prestigegründen erfolgt und es das Ziel von Unternehmen ist, ihre eigene Marke und
einen Teil des Absatzes in das WWW zu übertragen und somit ein eigenes Handels-
portal zu erschaffen.

Die Gelegenheit von Neugründungen hat eine große Zahl von Firmengründern genutzt, die in speziellen Branchen wie Bücher, Reisen, Versicherungen, Spielzeug etc.
und über mannigfaltige Kategorien hinweg ihr virtuelles Unternehmen posi-
tionierten. Diese neu gegründeten, innovativen Geschäftsmodelle versprechen eine
höhere Profitabilität, und der entscheidende Mehrwert im Vergleich zu herkömmlichen Geschäftsmodellen liegt in

- der direkten Beziehung zum Abnehmer,

- den Einsparungen durch das Ausschalten von Intermediären und

- der Einführung einer neuen, interaktiven Dimension des Services.

Die Vorreiterrolle bei der Erschließung des virtuellen Marktes, die Etablierung eines
Markennamens im Web und das Erzielen von Erträgen haben allerdings zur Folge,
daß diese innovativen Unternehmensmodelle momentan nur geringe Gewinnspannen
erwirtschaften oder Verluste realisieren [LAMM99, S. 21].

4.2 Business-to-Business-Beziehungen

Die zwischenbetriebliche Geschäftsabwicklung macht bereits heute einen großen
Teil des Electronic Commerce aus [THOM97, S. 9]. Die Einbindung fremderstellter
Güter in die Wertschöpfungskette des eigenen Unternehmens und die Veräußerung
von Endprodukten an Unternehmen wird in den nächsten Jahren ein größeres
Wachstum als der elektronische Handel zwischen Unternehmen und Konsumenten
erfahren [LAMM99, S. 26].

Bei bestehenden Unternehmensbeziehungen können diese in der Online-Welt abge-
bildet beziehungsweise ausgebaut werden und eine digitale, automatische Abwicklung der Prozesse gewährleisten. In zahlreichen Fällen besteht aber noch keine
Beziehung zwischen den Unternehmen, und der Aufbau eines ersten Kontaktes stellt

eine große Hürde dar. Nicht selten ist die relative Unbekanntheit des Unternehmens selbst oder die Unwissenheit über dessen Online-Präsenz verantwortlich für die fehlenden Besucherzahlen. Gelingt es einem Unternehmen, seinen Bekanntheitsgrad derart zu steigern, daß die Besucherfrequenz der von Portalen ebenbürtig ist, wird die Web-Seite folglich selbst zu einer Portal Site.

Die Firmen Intel (< http://www.intel.com/ >), 3Com (< http://www.3com.com/ >) und Cisco Systems (< http://www.cisco.com/ >) bieten beispielsweise Computer-hardware beziehungsweise Netzwerke für das Internet speziell für Unternehmen an und werden tagtäglich von vielen Nutzern aufgesucht. Unternehmen, die einen derartigen Bedarf an Gütern und Dienstleistungen der Computerindustrie haben, können über diese Portal Sites Produkte und Softwaretools erwerben, Service-leistungen beziehungsweise Anwendungshilfen in Anspruch nehmen sowie benötigte Informationen erhalten. Business-to-Business-Portal-Sites müssen im Gegensatz zu horizontalen Portalen nicht den Anspruch der Unterhaltung erfüllen und sollten nicht ein zu breites Spektrum an Inhalten offerieren. Ihre Aufgabe ist es, durch eine zielgruppenspezifische Auswahl an qualitativen Inhalten und eine einfache beziehungsweise logische Navigation zu überzeugen [BUSS99]. Die Firma SAP (< http://www.sap.com/ >) plant ebenfalls, mit einem Portal mySAP.com (< http:// www.mysap.com/ >) die Förderung der überbetrieblichen Zusammenarbeit und die Unterstützung dynamischer Geschäftsbeziehungen voranzutreiben. An dem vir-tuellen Marktplatz können sich nicht nur die SAP-Kunden, sondern alle am Vertrieb von Produkten und Dienstleistungen im WWW interessierten Unternehmen beteiligen. Bei Intel, 3Com und Cisco Systems ist bereits eine erfolgreiche WWW-Positionierung gelungen.

In der Praxis jedoch bleibt vielen Firmen diese Positionierung verwehrt. Die Inter-aktion zwischen Unternehmen über das WWW kommt nicht zustande, weil sie nicht zueinander finden. Abhilfe können hier Portal und Community Sites schaffen. Ihre Eigenschaften versorgen die Firmen mit der notwendigen Aufmerksamkeit. Werbung, Transaktionsangebote und weiterleitende Links in diesen Anlauf- und Startpunkten verwirklichen die Zurkenntnisnahme durch andere Anwender und können auf diesem Weg Geschäfte anbahnen. Ein grenzüberschreitendes Beispiel ist das Business-to-Business-Portal MeetChina.Com (< http://www.meetchina.com/ >), durch das derzeit existierende kulturelle, finanzielle und bürokratische Hindernisse zwischen chinesischen Herstellern und amerikanischen Unternehmen überbrückt werden sollen. Auf dieser Web-Seite finden durch zuvor von U.S. Business Network zugelassene Lieferanten von Rohstoffen, Komponenten und Endprodukten und ihre Käufer zusammen, haben Zugriff auf reichhaltige Informationen und können Anregungen und Erfahrungen über virtuelle Communities austauschen [KANE99].

Die in Kapitel 3.4 behandelten Business-to-Business-Communities haben für die Beziehungen zwischen Unternehmen einen besonderen Reiz. Die aktive Teilnahme aller Beteiligten an einer virtuellen Gemeinschaft birgt zahlreiche Vorteile für die Mitglieder. Die virtuelle Community bietet

- hohe Transparenz von Preisen und Leistungen aller Anbieter,

- Integration und Interaktion von Unternehmen auf der ganzen Welt,

- Unabhängigkeit von Raum und Zeit,

- Reduzierung von Verarbeitungsdauer und -kosten und

- Einkaufsmacht in Bezug auf Qualität und Preis nach außen [CLEM98b, S. 54f.].

Allgemein ist festzuhalten, daß das neue, interaktive Medium nicht nur oberflächlich für Kommunikation und die betriebliche Koordination in Anspruch genommen werden darf, sondern durch eine vom gesamten Unternehmen gelebte, einheitliche Strategie getragen werden muß. Das Fehlen einer entsprechenden Gewichtung verhindert die Realisierung von verbesserten zwischenbetrieblichen Prozessen in den Bereichen Beschaffung, Produktion und Vertrieb. Diesen Kosten stehen anschließend keine angestrebten Einsparungen gegenüber.

4.3 Business-to-Consumer-Beziehungen

Das multimediale WWW hat nicht nur für Unternehmen eine hohe Anziehungskraft, sondern lockt mit seinen digitalen, interaktiven Kommunikations- und Transaktionsmöglichkeiten immer mehr private Anwender ins Netz, die potentielle Konsumenten verkörpern. Die Unternehmen können direkt, zeitungebunden und schnell mit Kunden in Verbindung treten. Die Konzentration im Business-to-Consumer-Bereich liegt dabei auf dem Marketing und dem Vertrieb von Unternehmen [CLEM98b,

S. 56]. Unter Einbeziehung von Portal und Community Sites ergeben sich die Alternativen Direktvertrieb oder die Einschaltung von Intermediären für ein Unternehmen. Des Weiteren läßt sich auch die Beziehung zwischen Staat und Bürger in das WWW transferieren.

4.3.1 Direktvertrieb

Die erste Alternative ist der Direktvertrieb, der einen direkten Kontakt unter Ausschaltung von sonstigen Intermediären ermöglicht. Kann das Unternehmen die Nutzungshäufigkeit seiner Web-Seite beziehungsweise seines Angebotes in der Art und Weise steigern, daß die Besucherfrequenz der von Portalen ebenbürtig ist, wird die eigene Seite selbst zu einer Portal Site. Wie in Kapitel 2.3.6 erläutert, haben das einige Unternehmen wie Amazon.com, BUY.COM (< http://www.buy.com/ >), Dell Computer (< http://www.dell.com/ >), eToys etc. mit ihren Inhalten bereits geschafft und setzen das WWW als Kommunikations-, Distributionskanal und Transaktionsplattform ein [CLEM98b, S. 58f.]. Die Errichtung einer firmeneigenen Community Site mit einem speziellen Thema, das gleichzeitig die Produkte und Dienstleistungen abdeckt, kann Garant für eine langfristige Kundenbindung und Quelle für die Ermittlung von Kundenpräferenzen sein. Es können auch Mischformen zum Einsatz kommen, wenn eine Portal Site innerhalb ihres Angebotes Communities ansiedelt, die ein bestimmtes Thema behandeln und Mitglieder dadurch an das Unternehmen binden, wie es zum Beispiel von Amazon.com praktiziert wird.

4.3.2 Intermediäre

Die zweite Alternative ist die Einschaltung von Intermediären in Form von Portal und Community Sites, mit deren Hilfe Werbung plaziert und der Absatz gefördert werden soll. Auf den Web-Seiten der Portale und Communities wird die Werbung zum Beispiel in Form von Werbebannern geschaltet, welche die Aufmerksamkeit des Users erwecken sollen und eine Weitervermittlung zum jeweiligen Unternehmen gewährleisten. Neben der Reklame kann auch ein Vertrieb über diese Sites erfolgen. Die Intermediäre vermitteln die auf ihren Seiten plazierten Güter gegen Provisionen und erweitern auf diesem Weg den Absatzbereich von Unternehmen.

4.3.3 Staatliche Administration im WWW

Die Business-to-Customer-Beziehung muß nicht auf die private Wirtschaft alleine beschränkt sein. Die Administration von Aufgaben der öffentlichen Verwaltung über das multimediale Netz kann Zeit- und Kosteneinsparungen zur Folge haben, da der Bürger nicht an Öffnungszeiten gebunden ist, und ein stark verbesserter Zugang, gepaart mit einer schnelleren Abwicklung, die Zufriedenheit der Bürger beziehungsweise Kunden entscheidend erhöht [CLEM98b, S. 60]. Eine derartige bürgerfreundliche Verwaltung findet sich im Internet-Rathaus der Stadt Mannheim. Auf den Web-Seiten Mannheim Internetional (< http://www.mannheim.de/ >) kann der Bürger beispielsweise online seinen Personalausweis beziehungsweise Reisepaß beantragen oder diverse andere Anträge stellen (siehe Anhang S. 109, Abbildung 10).

4.4 Consumer-to-Consumer-Beziehungen

Der Handel zwischen privaten Konsumenten erfolgt traditionell durch Handelseinrichtungen wie Kleinanzeigen, Verkäufen unter der Hand, auf Flohmärkten oder durch Intermediäre wie Auktionshäuser und lokale Handelsläden. Solche Märkte sind in der Regel stark zerklüftet, somit nicht effizient genug und erschweren den Handel zwischen den Konsumenten. Das WWW wird diesen Handel tiefgreifend verändern und neue Maßstäbe setzen. Der Online-Handel zwischen den Konsumenten greift dabei auf die grundlegenden Eigenschaften des WWW zurück, indem er

- Käufer und Verkäufer an einem zentralen Handelsplatz über Zeit- und Landesgrenzen hinweg direkt zusammenbringt,

- Verkaufsgegenstände auflistet,

- Informationsaustausch und Interaktion ermöglicht und

- Transaktionen initiiert [SOOD99, S. 55].

Das Web erlaubt dem Käufer und Verkäufer direkt miteinander zu verhandeln, was zu einer Umgehung von Zwischenhändlern und damit zur Einsparung von Zeit und Kosten beiträgt. Die globale Erreichbarkeit und der wesentliche Komfortgewinn erleichtern die Kommunikation zwischen den Parteien und lassen ein Gemeinschaftsgefühl entstehen [KLEI98, S. 54f.].

Die Betreiber von Online-Handel im WWW wie eBay, ricardo.de, Tradehall (< http://www.tradehall.com/ >) etc. verlangen eine Registrierung des Nutzers für die Teilnahme an den Auktionen, was zu einer kostenlosen Mitgliedschaft führt. Mit der erhaltenen Kennung verschafft sich der Käufer beziehungsweise Verkäufer Zugang zu den virtuellen Auktionsräumen und kann an Versteigerungen partizipieren oder die eigene Ware zum Verkauf anbieten. Die Aufnahme als Mitglied macht das Web-Angebot der Online-Handelsbetreiber zu einer Community Site, weil ein Zutritt zu den Auktionen nur nach Beitritt in die Handelsgemeinschaft erfolgt (siehe Anhang S. 110, Abbildung 11). Das Inhalteangebot kann nicht wie bei einem herkömmlichen Portal ohne vorherige Registrierung genutzt werden. Erst als Mitglied können Güter ge- und verkauft, detaillierte Informationen eingeholt und Erfahrungen untereinander ausgetauscht werden. Die Veräußerung über Auktionen gewährleistet dabei durch das Aufeinandertreffen von Angebot und Nachfrage den Preis, den der virtuelle Markt zu zahlen bereit ist.

Kann eine Ware ebenfalls über andere Vertriebskanäle erworben werden, hat das eine Konfrontation zwischen der Auktion und dem jeweiligen Vertriebskanal zur Folge. Die Kenntnis eines Preises aus dem anderen Kanal benachteiligt die Auktion, da die Teilnehmer einen strengen Vergleich durchführen [SKIE98, S. 304]. Diese Benachteiligung mag auf neuwertige Waren zutreffen, aber nicht auf klassische Consumer-to-Consumer-Beziehungen, da bei diesen in den meisten Fällen gebrauchte Gegenstände und Raritäten in den unterschiedlichsten Zeitspannen gehandelt werden [KLEI98, S. 51].

4.5 Consumer-to-Business-Beziehungen

Die zügige Akzeptanz von Business-to-Consumer-Beziehungen beflügelt die Einführung weiterer Geschäftsmodelle wie das Consumer-to-Consumer- und das Consumer-to-Business-Modell. Letzteres ist auf den konventionellen Märkten relativ unbekannt und erst durch die Eigenschaften des WWW realisierbar geworden. Die Schnelligkeit und die interaktive Kommunikation des Webs sind Grundvoraussetzung für ein derartiges Modell [SOOD99, S. 56]. Die Grundidee besagt, daß sich nicht mehr das Unternehmen in der stärkeren Position bei Geschäften befindet, sondern der Konsument die Schlüsselposition bei den Transaktionen übernimmt. Auf konventionellen Märkten üben Unternehmen eine Machtposition aus, da sie die Produkte und Dienstleistungen bestimmen und auch den entsprechenden Preis für diese festlegen. Der Konsument hat den Preis zu akzeptieren oder er verzichtet auf den Erwerb. Die Unternehmen üben durch den gemeinsamen Wettbewerb zwar Druck aufeinander aus und verhindern eine beliebige Produkt- und

Preispolitik, dennoch ist es nach wie vor die Unternehmerseite, die sich den Konsumenten gegenüber in der stärkeren Position befindet. Diese Machtstellung ist in das WWW übertragen worden, wobei hier der Wettbewerb noch entschieden intensiver als auf herkömmlichen Märkten stattfindet. Die Benachteiligung zu Lasten der Konsumenten existiert aber weiterhin.

Priceline.com (< http://www.priceline.com/ >) verfolgt ein ungewöhnlich neuartiges, innovatives Geschäftsmodell, das die Beziehung zwischen den Konsumenten und den Unternehmen revolutioniert, und vom U.S. Patentamt als eines der ersten Geschäftsmodellpatente im vergangenen Jahr zugelassen wurde [WALK99, S. 60]. Aufgrund seines Angebotes verzeichnet Priceline.com täglich Tausende von Transaktionen und ist damit für viele zu einer Portal Site geworden. Priceline.com offeriert zum Beispiel Flüge, Hotelreservierungen und Automobile auf seinen Web-Seiten und plant das Angebot zukünftig um Finanzdienste und Urlaubspakete zu erweitern. Die Besonderheit ist ein Nachfragesystem, das den User fragt, wieviel er für ein bestimmtes Produkt oder einen Service zu zahlen bereit ist, und welche Kompromisse er dafür eingehen will (siehe Anhang S. 110, Abbildung 12). Priceline.com stellt die Verbindung zu geeigneten Verkäufern her, die ihre Produkte und Dienstleistungen zu den gewünschten Preisen abgeben. Dabei bewahrt Priceline.com allerdings die Integrität der Preise im Handel und der Markennamen von Unternehmen. Der Konsument weiß zu Beginn nicht, welcher Veräußerer hinter den ermittelten Angeboten steckt, und schützt dadurch die Markenintegrität der am System teilnehmenden Firmen. Es gibt keine festgelegten Preise, weil die Preise sich von Minute zu Minute ändern können, was die Integrität von Handelspreisen bestehen läßt [SOOD99, S. 56].

Der Grundgedanke der von Priceline.com verfolgten Strategie beruht auf der Tatsache, daß eine Vielzahl von renommierten Unternehmen identische Produkte und Dienstleistungen anbieten, die sich lediglich durch den Markennamen unterscheiden. Es wurde erkannt, daß ein bestimmtes Klientel keinen Wert darauf legt, mit welcher Fluggesellschaft es fliegt oder welche Telefongesellschaft ihr Telefonat vermittelt. Die Kunden von Priceline.com interessiert nur, daß sie an ihr gewünschtes Ziel kommen oder ihr Telefonat vermittelt wird [WALK99, S. 58].

Der Eindruck, daß der Konsument alleine profitiert, täuscht, denn es sind beide Parteien, die aus diesem Geschäftsmodell ihren Nutzen ziehen. Die Konsumenten legen den Preis und die Rahmenbedingungen der Transaktionen fest, während die Unternehmen in der Lage sind, zusätzliche Gewinne durch die Veräußerung von Überschußkapazitäten ohne Verletzung etablierter Preisstrukturen zu realisieren [SOOD99, S. 56]. Liegen Überschußkapazitäten vor, stehen der Kooperation mit Priceline.com drei für ein Unternehmen unwirtschaftliche Alternativen gegenüber. Die erste ist der Verkauf mit heruntergesetzten Preisen, die der Preisintegrität schadet und die Gefahr birgt, daß bei häufigen Preisnachlässen kein Kunde mehr die üblichen Handelspreise bezahlt. Die zweite ist die Einschaltung eines auf den Absatz von Überschußkapazitäten spezialisierten Intermediärs, die zu einem Konflikt mit den etablierten Distributionskanälen führt. Die dritte ist die Zerstörung der Güter, um langfristig höhere Preise auf dem Markt durchsetzen zu können [WALK99, S. 58f.].

Wirtschaftlich ausgerichtete Community Sites können von ihrem Ansatz her ebenfalls bestehende Marktmechanismen revolutionieren. Hat die Gemeinschaft eine hinreichend große Mitgliederzahl erreicht, die Einfluß auf die Unternehmen und auf den Markt ausüben kann, ändern sich auch in diesem Fall die Kräfteverhältnisse zwischen Konsumenten und Firmen. Die Community beziehungsweise deren Betreiber suchen sich die Anbieter aus, die zu den Präferenzen der Mitglieder passen und die wirtschaftlichen Interessen der Konsumenten erfüllen. Das Ergebnis sind umgekehrte Märkte. Es sind nicht mehr die Anbieter, die sich ihre Kunden zum Beispiel durch Preisstrukturen aussuchen, sondern die Kunden wählen unter den transaktionssuchenden Unternehmen selbst aus [HAGE97, S. 46f.]. Eine hinreichend große Mitgliederzahl ist für die Umkehrung eines Marktes durch eine virtuelle Gemeinschaft notwendig. Die Community Sites im WWW befinden sich in ihren Anfangsstadien und verfolgen primär das Ziel der Mitgliederaquisition. Die Theorie der umgekehrten Märkte ist folglich ein Modellansatz, der entscheidend von der Mitgliederzahl abhängt.

5 Betriebswirtschaftliche Evaluierung

Portal und Community Sites sind für viele Unternehmen zentrales Thema, wenn die strategische Ausrichtung des eigenen Web-Auftritts behandelt wird. Der Erfolg einzelner Portale und Communities ist genug Motivation für die Vorbereitung einer Präsenz im WWW. Die Umsetzung der gesteckten Ziele ist aber die entscheidende Phase, in der die Weichen für die zukünftige Entwicklung gestellt werden. Nicht jeder Web-Seite kann es gelingen, eine Portalfunktion oder eine etablierte virtuelle Gemeinschaft aufzubauen. In der Praxis hat der Kampf um Besucherzahlen schon längst begonnen [O.V.99d, S. 26], und kleinere beziehungsweise junge Sites sehen sich etablierten Sites, die den Markt dominieren, gegenübergestellt. Die Zahl der WWW-Nutzer wird ohne Frage in den nächsten Jahren zunehmen und neue Zugangsmechanismen werden den Zugriff auf das Web erleichtern. Gravierende Veränderungen und eine Konzentration im Web-Umfeld werden dadurch aber nicht ausbleiben. Kapitel 5.1 setzt sich mit der wirtschaftlichen Bedeutung und der zukünftigen Entwicklung von Portal Sites auseinander, und Kapitel 5.2 mit der von Community Sites. In Kapitel 5.3 werden die Auswirkungen von wirtschaftlichen Konzentrationen im WWW und die daraus resultierenden Folgen erörtert.

5.1 Bedeutung und Entwicklung von Portal Sites

Portale sind zu einem Schlagwort in Bezug auf das WWW geworden. Die Betreiber von Web-Seiten haben das große Ziel vor Augen, die Anwender in Scharen anzu-locken und damit ihr Web-Angebot zu einem Massenportal zu machen. Dies hat zur Folge, daß eine Vielzahl von Seiten sich als Tor ins Netz verstehen, obwohl die Kriterien einer Portal Site nicht immer erfüllt werden. Die Einzigartigkeit einer Portal Site ist verschwunden. Grund dafür ist die Annahme, daß ein erfolgreich geführtes Portal hohe Umsätze verspricht und daraus resultierend einen hohen Gewinn für die Initiatoren [HU98]. Skeptiker bezeichnen Portale als reine Mode-erscheinung und zweifeln an deren Erfolg [MOOD98].

Die Betrachtung der wirtschaftlichen Realität bestätigt diese Skepsis. Während etablierte Unternehmen wie Yahoo! durch ihren Web-Auftritt Gewinne erzielen können [O.V.99e], ist die Mehrheit der Portalbetreiber, die ebenfalls schon länger im Web präsent sind, nicht in der Lage, ihre Kosten und Aufwendungen durch Ein-nahmen (siehe Kapitel 2.5) entsprechend zu decken. Trotz ihrer teilweise hohen

Umsätze konnten sie den Beweis ihrer Rentabilität bisher nicht erbringen. Obwohl die frühe Partizipation im WWW von großer beziehungsweise entscheidender Bedeutung ist, kann sie nicht generell Garant für einen florierenden Betrieb sein. Verstärkt wird dieser Kostendruck durch den extremen Wettbewerb im Web, da die dort entstandene Free-Rider-Kultur (siehe Kapitel 2.5.3) eine kostenlose Verfügung von Leistungen ermöglicht. Dieser Wettbewerb spiegelt sich auch auf den Aktienmärkten wieder, da sich viele Portale im Rahmen von Kapitalbeschaffungsmaßnahmen zu Kapitalgesellschaften gewandelt haben und Anteile ihres Unternehmens auf den Finanzmärkten offerieren. Nur wenige Portal Sites werden aufgrund der hohen Betriebskosten von Privatleuten initiiert und betrieben.

Die Divergenz zwischen Erfolgsprognosen und Realität läßt sich durch folgende Faktoren erklären. Bei den Prognosen der Nutzer-, Umsatz-, Gewinnzahlen etc. handelt es sich stets um Schätzungen, die in der Regel auf keine Erfahrungswerte beziehungsweise Entwicklungen zurückgreifen können. Die Prognosen wecken falsche Hoffnungen, was kaufmännisch analysierte Resultate bestätigen. Die erhofften Umsätze durch Portale und deren Funktion als Intermediäre für Unternehmen bleiben weit hinter den Erwartungen zurück [O.V.99e]. Die Firma Microsoft mußte ebenfalls diese Erfahrung machen. Eine Vereinbarung mit zwei großen Vertretern der Suchportale, mit einer Geldsumme in Millionenhöhe, wurde nicht erneuert, da die Plazierung eines Microsoft-Produktes auf den ersten Plätzen einer bestimmten Suchanfrage nicht die gewünschten Erträge erbrachte [BARR98].

Die Anbieter von Produkten und Dienstleistungen werden zurückhaltender und wägen die Einschaltung von Portalen als Vertriebshilfe gründlicher ab [JUNN99]. Bei der Vertragsgestaltung zwischen Anbieter und Portalbetreiber rückt die Berücksichtigung des tatsächlichen wirtschaftlichen Nutzens der Anbieter immer mehr in den Mittelpunkt. Dies bedeutet, daß nicht nur rohe Besucherzahlen und die Plazierung von Werbung eine Rolle spielen, sondern Faktoren wie die tatsächlichen Absatzzahlen von Kunden durch die Einschaltung von Portalen. Diese Entwicklung erfordert eine gewisse Flexibilität auf der Betreiberseite. Ein effektives Online-Marketing setzt beispielsweise voraus, spezifische Werbeflächen auf den Portalseiten zu bestimmten Zeiten zur Verfügung zu stellen [KAWA99].

Die technischen Schwierigkeiten bei der Betreibung einer Portal Site dürfen zudem nicht unterschätzt werden. Interessant ist die Feststellung, daß auch Software-giganten wie Microsoft erhebliche Probleme bei der Implementierung von Systemen haben. Microsoft ist es nicht gelungen, das Microsoft Network (MSN) international zu positionieren und zum größten, attraktivsten Service-Portal im Web zu machen. Bei Microsoft handelt es sich jedoch um ein Unternehmen, bei dem eine höhere Kompetenz bei der Entwicklung und Implementierung eines derartigen Systems an-genommen werden darf, was in der Regel bei anderen Unternehmen nicht anzu-treffen ist. Die Erfahrungen aus dem Kerngeschäft und die bevorzugte Verwendung von Microsoft-Produkten aufgrund strategischer Überlegungen, versetzten Microsoft dennoch nicht in die Lage, das Vorhaben erfolgreich umzusetzen [HEIL99, S. 135].

Die Portalbetreiber sind gezwungen, ihre Anstrengungen zu intensivieren, um mehr Anwender auf ihre Seiten zu locken und diese im zweiten Schritt fest an sich zu binden. Eine hohe Attraktivität des Web-Angebotes und ein konstant wachsender Be-sucherstamm sind für eine gesicherte Existenz im Portalgeschäft Grundvoraus-setzung. Die fehlende, klare Differenzierung der Massenmarktportale untereinander ist zu einem Problem geworden und macht es dem einzelnen Portal schwer, einen hohen Stellenwert bei seinem Publikum beizubehalten. Hinzu kommt die Tendenz, daß das Web-Publikum erfahrener und gebildeter im Umgang mit den Inhalten des WWW wird. Die Anwender nutzen nicht mehr wie früher automatisch die Inhalte der großen Portal Sites, um ihre Informationen zu erhalten, sondern suchen immer häufiger direkt spezielle Web-Seiten auf, die ihre Bedürfnisse befriedigen [BOWM99]. Diese Entwicklung kann als Rückkehr von der horizontalen zur vertikalen Ausrichtung der Portal Sites interpretiert werden. Aus diesem Grund versuchen die Portal Sites ihre Attraktivität durch ein stetig wachsendes und sich änderndes Angebot an Diensten und Inhalten zu sichern. Zu den erweiterten Offerten gehören mittlerweile

- Adreß- und Terminverwaltung,

- Online-Backup der lokalen Festplatte,

- Call-by-Call-Internetzugang und

- Individualisierung der Portalseite.

Die Verwaltung von Adressen des Users und die Bereitstellung eines Termin-
kalenders durch die Portal Site haben sowohl für den Nutzer als auch für den
Portalbetreiber Vorzüge. Der Nutzer kann von jedem internetfähigen PC auf seinen
identischen Datenbestand in gewohnter Web-Umgebung zugreifen. Die Betreiber
von Portalen profitieren aus zwei Gründen. Zum einen verweilt der Portalbesucher
länger und wesentlich häufiger auf den Web-Seiten, was verstärkt die Gelegenheit zu
einer Ansprache durch Werbung, Offerten etc. gibt. Zum anderen stellt besonders der
Terminkalender eine detaillierte Quelle persönlicher Daten dar, weil der Anwender
bei regelmäßiger Nutzung des Kalenders wertvolle und gezielt demographische
Marketinginformationen über sich preisgibt [FEST99]. Diese Datenquelle kann eine
Grundlage für eine individuelle Ansprache in Bezug auf den Vertrieb von Produkten
und Dienstleistungen sein.

Die Option, Informationsdaten der lokalen Festplatte auf einem Web-Server zu
speichern, wird bisher nur von wenigen Portalen angeboten. Fraglich ist sowohl bei
der Adreß- und Terminverwaltung als auch beim Online-Backup die Akzeptanz
durch die Portalnutzer, da die Bereitstellung persönlicher beziehungsweise ver-
traulicher Daten ein Sicherheitsrisiko darstellt. Die Gefahr eines Mißbrauchs ist nicht
nur bei der Datenübertragung gegeben, sondern auch bei der Institution, die mit der
Administration der Daten beauftragt ist [KURI99, S. 124].

Neben der Rolle als ISP durch die Bereitstellung eines Call-by-Call-Internetzugangs
(siehe Yahoo! Online, < http://www.yahoo.de/docs/yahoo-online/infoseiten/ >), erhoffen sich die Portalbetreiber, vor allem durch die Individualisierung der Portalseite
durch den Anwender ein an das Portal bindendes Instrument zum Einsatz zu bringen.
Unter der Individualisierung ist die Möglichkeit für den Anwender zu verstehen, den
Inhalt und das Layout seiner Portal Site seinen eigenen Bedürfnissen anzupassen
[KRAV99]. Zu den am häufigsten gewählten Inhalten gehören zum Beispiel lokale
und nationale Nachrichten, Sportergebnisse, Wetterprognosen, Finanzdaten, Horos-
kope und beliebte Links zu anderen Web-Seiten. Setzt sich dieses Instrument
kombiniert mit Adreßverwaltung und Terminkalender im WWW durch, bekommen
die traditionellen Arbeitsoberflächen Macintosh OS und Windows noch stärkere
Konkurrenz als bisher. Die Portalbetreiber versichern einerseits, daß ihre Dienste
nicht mit den Büro- oder Produktivitätssoftwareprovidern konkurrieren, aber auf der

anderen Seite sehen die Experten immer mehr Produktivitätsanwendungen in das Web transferiert. Die Anwendungen können zudem kostenlos benutzt werden, und werden nicht wie traditionelle Software lokal auf einem Rechner betrieben. Sie gewähren folglich den Zugriff von jedem Computer mit WWW-Verbindung [MILE99].

Eine Gruppe von Web-Experten ist der Meinung, daß der Aufbau von Online-Umgebungen eine vielversprechende Alternative zum Betrieb großer Portal Sites ist [PEAB98]. Die Erstellung und Betreibung eines einzigen großen und attraktiven Portalmodells kann auf lange Sicht nicht funktionieren. Dagegen wird der Aufbau einer Informations- und Serviceumgebung aus einer Hand favorisiert. Solche Umgebungen versuchen nicht wie die großen Massenportale für jeden Anwender alles unter einer Site zusammenzufassen. Menschen unterscheiden besonders bei dem Umgang mit Medien zwischen einzelnen Marken. Das Lycos Network beispielsweise versucht mehrere Marken für verschiedene Nutzungsbedürfnisse zu umfassen. Die Lycos-Suchmaschine steht für Navigation und Suche, Tripod (< http://www.tripod.com/ >) für Community, und MailCity (< http://www.mailcity.lycos.com/ >) für E-Mail. Das Netzwerk von Lycos versteht sich als Ganzes betrachtet nicht als ein Portal, sondern als ein Netz von Web-Sites, die verschiedene Personengruppen mit einem variantenreichen Angebot bedienen wollen. Das Netzwerk kann in der Weise interpretiert werden, daß der Suchdienst Lycos die Funktion eines Portals hat, während die Community Tripod das Instrument ist, mit dem die User zum verweilen auf den Web-Seiten animiert werden sollen [PEAB98].

Die Entwicklung von Portal Sites wird auch die Geschäftswelt verändern. Als Beispiel sind hybride Portale zu nennen, die eine Kombination aus konsumenten-orientierten Portalen und Informationsportalen von Unternehmen sind [BUSS99]. Ein hybrides Portal wird als Enterprise Information Portal (EIP) bezeichnet und versetzt den Mitarbeiter eines Unternehmens in die Lage, sowohl firmenexterne beziehungsweise persönliche Informationsbedürfnisse, wie aktuelle Nachrichten, einzelne Aktienwerte oder Sportergebnisse, über das WWW zu befriedigen, als auch die für sein Aufgabengebiet relevanten Informationen oder interne Unternehmens-daten über das Web oder interne Rechnersysteme abzurufen. Darüber hinaus können Geschäftsprozesse wie die Warenbestellung bei einem Zulieferer über das Web initiiert werden. Die Hauptaufgabe eines EIPs besteht darin, eine bessere Verteilung von Wissen zu schaffen, das in der Regel im gesamten Unternehmen auf zahlreiche Datenquellen verstreut ist. Diese Zielsetzung macht ein EIP besonders für Firmen interessant, die schnell expandieren oder ihre Angestellten über mehrere Unternehmensstandorte wie Filialen oder Niederlassungen verteilt haben. Ein EIP erhöht somit die Produktivität der Mitarbeiter [O.V.99f, S. 25].

Die Etablierung alternativer Zugangsmechanismen zum WWW in Verbindung mit einer Bandbreitensteigerung durch Kabelmodems beispielsweise, wird zusätzlichen Einfluß auf die Entwicklung der Portal Sites haben und neue Applikationen erlauben. Der in Kapitel 2.3.3.3 erläuterte Hochgeschwindigkeitszugang über ein TV-Kabelnetz ermöglicht aufgrund seiner leistungsfähigen Datenübertragungsrate eine höhere Bandbreite, was eine schnellere und qualitativ höhere Verfügbarkeit für den Anwender bedeutet. Diese Eigenschaft macht ihn besonders auf dem Unterhaltungssektor interessant, da er im Bereich der Computerspiele, Video-, Multimedia- und Telefonanwendungen Vorteile gegenüber den herkömmlichen Netzen aufweist [TRAG99]. Die etablierten Portal Sites haben bereits begonnen, nach Unternehmenspartnern auf dem Breitbandmarkt Ausschau zu halten. Neben den Zugriffsmechanismen werden sich ebenfalls die Zugriffsgeräte weiterentwickeln. Erfolgt heute der WWW-Zugriff fast ausschließlich über den PC, werden es in der Zukunft neue Endgeräte wie der konventionelle Fernseher in Verbindung mit Set-Top-Box [HEIL99, S. 262] und tragbare Geräte wie Mobiltelefone, Palm-Rechner oder Kameras sein, die eine Nutzung des Webs und damit von Portal Sites gewährleisten.

5.2 Bedeutung und Entwicklung von Community Sites

Die Beurteilung von Community Sites ist im Vergleich zu Portal Sites ungleich schwieriger. Hauptursache dafür ist in erster Linie das frühe Stadium ihrer Entwicklung. Es liegen noch keine aussagekräftigen Analysen vor und folglich nur wenige Ergebnisse und Fakten, die Auskunft über die Wirtschaftlichkeit geben können. Zudem ist die Existenz und die Ausbreitung der virtuellen Gemeinschaften im WWW höchst dynamisch, und es ist nicht leicht, diese den konventionellen Untersuchungen oder Erhebungen zu unterziehen [MAXW99].

Die Betreiber von Communities sind oft selbst nicht in der Lage, die Bedeutung und die Entwicklung ihrer Site im Web zu erklären beziehungsweise zu prognostizieren. Dies liegt zum einen am jungen Status und an der fehlenden Erfahrung im Web-Umfeld, zum anderen haben die Community Sites in der Regel die kritische Masse an Mitgliedern, die sie zu einem erfolgreichen Betrieb benötigen, noch nicht erreicht. Auch bei Communities entfaltet sich der Wert des Netzwerkes erst mit einer genügend großen Teilnehmerzahl. Diesbezüglich sind Aussagen über die Größe einer virtuellen Community nur schwer möglich, da sie größenvariabel ist, und aufgrund ihres Wachstums keine Grenzen abgesteckt werden können. Bei den unternehmens-orientierten Communities zeichnen im Gegensatz zu den konsumentenorientierten in größerem Maß Unternehmen wie Kapitalgesellschaften für den Betrieb verant-wortlich, während im Konsumentenbereich die Privatinitiative der Anwender in einer Vielzahl der Fälle die treibende Kraft ist. Nicht selten ist die Gründungsidee ein reiner Modellansatz, der vielversprechend ist, aber dessen Umsetzung nur durch die Implementierung in der Praxis geprüft werden kann.

Parallelen zu Portalen können jedoch in einigen Punkten vermutet werden. Die Praxis wird zeigen, daß auch im Community-Umfeld nicht jede Site wirtschaftlichen Erfolg haben wird. Die Kosten des Betriebs werden in zahlreichen Fällen die Einnahmen übersteigen. Es ist ebenfalls noch nicht erwiesen, ob Werbung oder Vertrieb über Communities ökonomisch effizienter vollzogen werden kann als über Portale. Negative Ergebnisse werden auch hier die Unternehmen zurückhaltender werden lassen. Technische Schwierigkeiten kommen zudem als Barriere hinzu.

Fakt ist jedoch, daß Menschen zwangsläufig virtuelle Gemeinschaften bilden, sobald eine Kommunikation mit Computertechnologien für sie verfügbar wird [RHEI99]. Diese Tatsache läßt Prognosen zu, die für eine Etablierung von Community Sites im WWW sprechen. Bereits erfolgreich eingeführte Community Sites bestätigen der-artige Prognosen und zeigen das wirtschaftliche Potential auf, das hinter dem Community-Ansatz steckt. Dieses besteht vor allem aus dem Aufbau von Markt-eintrittsbarrieren gegenüber nachziehenden Betreibern oder Imitatoren und den daraus resultierenden signifikanten Wettbewerbsvorteilen [PAUL98, S. 162]. Aber auch die Mitglieder einer Community werden von ihrer Teilnahme profitieren, wenn sie aus ihren persönlichen Daten den größtmöglichen Nutzen ziehen und für eine Umkehrung der Märkte sorgen (siehe Kapitel 4.5).

Ohne Zweifel wird die Dynamik des WWW ihre Spuren hinterlassen. Community Sites werden ihre Inhalte und Angebote stetig erweitern beziehungsweise anpassen und das Geschäftsmodell einem kontinuierlichen Wandel unterziehen müssen.

5.3 Monopolistische Tendenzen

Die große Popularität von Portal und Community Sites läßt viele Experten der Web-Branche zu der Ansicht kommen, daß diese Sites zu einem Meilenstein der WWW-Entwicklung geworden sind. Zweifelsohne gehören die Sites zu den festen Einrichtungen von Millionen von Anwendern, was die Besucherzahlen in vielen Veröffentlichungen belegen (siehe zum Beispiel Hot 100, < http://www.hot100.com > oder The Web 100, < http://www.web100.com >). Negative Auswirkungen und Tendenzen gehören aber auch hier zur Kehrseite der Medaille. Besonders bei den Portal Sites sorgt dieser Erfolg für Skepsis. Community Sites können aufgrund ihres jungen Entwicklungsstatus (siehe Kapitel 5.2) noch keine aussagekräftigen Ergebnisse liefern. Eine portalähnliche Tendenz kann aber unterstellt werden.

Ein neuer Anwender wird die Hilfe durch Portale bei der Orientierung im WWW und den simplen Einstieg im Angesicht der Informationsflut schnell zu schätzen wissen. Die Kehrseite besteht jedoch darin, daß die Portale, in ihrer charakteristischen Absicht, die Inhalte zu homogenisieren, die Inhalte diktieren, die der User auf den Web-Seiten finden kann. Der Nutzer kann folglich nur auf das zurückgreifen, was das Portal ihm zur Verfügung stellt. In Anbetracht des gesamten Angebotes im Web stellen die Inhalte und Informationen eines einzigen Portals nur einen kleinen Ausschnitt dar. Weitere tendenzielle Gefahren sind

- die Abkehr von Web-Inhalten, die nicht auf Portal Sites erscheinen,

- die Manipulation von Inhalten und Angeboten durch die Portalbetreiber und

- die Beeinflussung der Bewegungsfreiheit der WWW-Nutzer [KURI99, S. 124].

Hinter der Manipulation stecken vor allem wirtschaftliche Gründe. Am Beispiel der Suchportale und der Werbung wird dies besonders deutlich. Ein Suchdienst verliert in dem Moment wichtige Einnahmequellen, wenn der Anwender die Web-Seite verläßt und sich anderen Seiten widmet. Eine Suchanfrage, die wahrheitsgemäß brauchbare und richtige Informationen beziehungsweise die besten Angebote außerhalb eines Portals liefert, veranlaßt den User in der Regel, das Suchportal zu verlassen und sich zu den Ergebnissen weiterzuklicken [BARR98]. Die Folge sind seitenlange Suchergebnisse, die eine Suche zu einer langwierigen Angelegenheit werden lassen und versuchen, den Nutzer auf den Portalseiten festzuhalten. Die am Beispiel der Suchportale aufgezeigten Erkenntnisse lassen sich auf jedes andere Portal übertragen.

Wirtschaftliche Aspekte und Marktmachtabsichten tragen zu einer weiteren Homogenisierung im WWW bei. In dem sich dynamisch entwickelnden Medium gehören Zusammenschlüsse und Aufkäufe von Portalen zur Tagesordnung [PARE99, S. 69]. Etablierte Portale kaufen kleinere, die in die Marktstrategie passen, für hohe Beträge auf, andere Portale fusionieren oder gehen Partnerschaften ein. Traditionelle Unternehmen, wie zum Beispiel Medienanbieter mit hohen liquiden Mitteln, kaufen sich in den Portalmarkt ein, wenn sie selbst keine Portal Site errichten können oder wollen [HU98]. Abbildung 5.1 zeigt die Konsolidierung an Beispielen ausgewählter Unternehmen im Portalgeschäft auf. Diese Tendenz und die hohen Aktienwerte der Portalunternehmen sind ein Indiz dafür, wie hoch das Potential im Portalgeschäft eingeschätzt wird. Die Bestrebungen der Unternehmen zur Teilnahme und Marktbeziehungsweise Machtpositionierung im WWW wird in Fachkreisen mit dem Begriff „Portalopoly" versehen [BAGE99].

Die Konzentration von Unternehmen ist für den Anwender mit negativen Folgen behaftet. Eine Portal Site wird demzufolge kaum auf Informationen oder Offerten hinweisen, die mit dem eigenen Angebot konkurrieren. Ein zum Konsum bereiter Nutzer wird in den eigenen Reihen zu halten versucht, und es erfolgt eine Weiterleitung zu anderen Web-Seiten, die zum eigenen Unternehmensverbund gehören oder mit deren Betreiber eine Abmachung getroffen worden ist [MOOD98]. Der Anwender wird in seiner Bewegungsfreiheit eingeschränkt und wird folglich nicht immer das für ihn günstigste oder wirklich passende Resultat erhalten. Durch die Tatsache, daß die Betreiber in zunehmendem Maße über vertrauliche Daten und persönliche Verhaltensweisen im Web verfügen, wird die Gefahr eines Mißbrauchs immer größer.

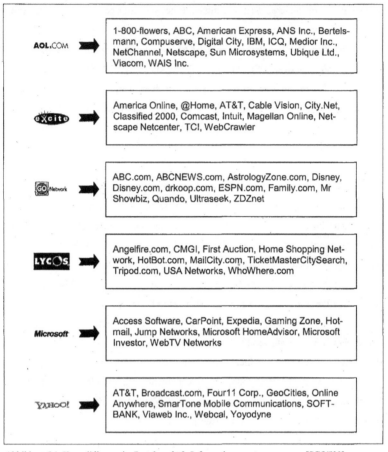

AOL.COM ➤ 1-800-flowers, ABC, American Express, ANS Inc., Bertels-mann, Compuserve, Digital City, IBM, ICQ, Medior Inc., NetChannel, Netscape, Sun Microsystems, Ubique Ltd., Viacom, WAIS Inc.

excite ➤ America Online, @Home, AT&T, Cable Vision, City.Net, Classified 2000, Comcast, Intuit, Magellan Online, Net-scape Netcenter, TCI, WebCrawler

GO Network ➤ ABC.com, ABCNEWS.com, AstrologyZone.com, Disney, Disney.com, drkoop.com, ESPN.com, Family.com, Mr Showbiz, Quando, Ultraseek, ZDZnet

LYCOS ➤ Angelfire.com, CMGI, First Auction, Home Shopping Net-work, HotBot.com, MailCity.com, TicketMasterCitySearch, Tripod.com, USA Networks, WhoWhere.com

Microsoft ➤ Access Software, CarPoint, Expedia, Gaming Zone, Hot-mail, Jump Networks, Microsoft HomeAdvisor, Microsoft Investor, WebTV Networks

YAHOO! ➤ AT&T, Broadcast.com, Four11 Corp., GeoCities, Online Anywhere, SmarTone Mobile Communications, SOFT-BANK, Viaweb Inc., Webcal, Yoyodyne

Abbildung 5.1: Konsolidierung im Portalgeschäft, Informationen entnommen aus [SCOT99].

Die sehr rasche Konsolidierung im Portalgeschäft, der aggressive Wettbewerb im WWW, die sich rasant entwickelnde Technik und die daraus resultierenden Kosten zur Betreibung eines Portals werden dafür sorgen, daß die Zahl der Portal Sites abnehmen wird. Verstärkt wird der Kostendruck durch die Tatsache, daß es einen längeren Zeitraum im Web erfordern kann, bis ein Unternehmen Gewinne erzielt [O.V.99g]. Die logische Konsequenz aus diesem Trend ist, daß die wenigen Portal Sites, die finanziell gesichert sind, ihre bereits heute gefestigte Position zusätzlich untermauern werden.

Diese andauernde Konzentration von Marktmacht durch Aufkäufe, Fusionen und Kooperationen führt zu einer Veränderung des Web-Marktes und zu einer Verdrängung des Wettbewerbs. Der ursprünglich atomistisch aufgeteilte WWW-Marktplatz wird durch monopolistische Unternehmenskonstrukte auf wenige Akteure aufgeteilt. Neben den bereits erwähnten Auswirkungen für den Anwender hat eine derartige Evolution auch für die Anbieter von Produkten und Dienstleistungen schwerwiegende Folgen. Kaum ein Anbieter sieht sich mehr in der Lage, ohne die Hilfe eines Portals sein Marketing oder seinen Vertrieb im Web erfolgreich durchführen zu können. Eine Kooperation mit Portalen ist zudem mit hohen finanziellen Investitionen verbunden [JUNN99]. Es sind schon heute hohe Eintritts-barrieren für Anbieter entstanden, die eine wirtschaftliche Betätigung im WWW planen. Diese monopolistischen Tendenzen werden sich in den nächsten Jahren ver-stärken, und es scheint nur eine Frage der Zeit zu sein, bis Institutionen regulierend eingreifen müssen.

6 Fazit

Die explosionsartige Kommerzialisierung des WWW seit Anfang dieser Dekade hat gegenwärtig eine Umgebung geschaffen, die großen Einfluß auf die Verhaltensweisen der Anwender hat. Die Art und Weise, in der das Web genutzt wird, in der kommuniziert wird und in der Geschäfte getätigt werden, wird sich in den verschiedensten Aspekten verändern. Neuartige Werte entstehen sowohl für den konsumierenden als auch für den anbietenden Teilnehmer durch die zeitliche und räumliche Ungebundenheit des Webs. Die Schaffung dieser neuen Werte wird durch das exorbitante und dynamische Wachstum des WWW beeinflußt. Die Web-Seiten, die Angebote, die Dienste, die technischen Kapazitäten zur Informationsübertragung, die verschiedenen Nutzungsarten und schließlich die Zahl der Anwender werden weiterhin zunehmen. Die Informationsflut bleibt ungebremst.

Rettungsboot für viele Web-Nutzer sind Portal Sites, die eine Navigationshilfe im Meer der Web-Offerten sind. Mittlerweile in hohem Maße mit Markennamen versehen, unterstützen sie die Ansammlung von Inhalten und Diensten, fördern die öffentliche Phantasie und haben eine eindrucksvolle Beteiligung am WWW-Verkehr erobert. Sie repräsentieren sich selbst als One-Stop-Entry ins Web für Millionen von Nutzern, die sich täglich im Netz der Netze aufhalten. Als wesentliches Unterscheidungsmerkmal vereinen Community Sites die Menschen miteinander. Sie bieten ein soziales Netzwerk über geographische und in den Köpfen der Menschen verankerte Grenzen hinweg, bilden eine Wissensbasis durch den Austausch von Fachkenntnissen beziehungsweise persönlichen Erfahrungen und vermitteln ihren Mitgliedern ein Gemeinschaftsgefühl durch gegenseitige mentale Unterstützung. Portale und Communities schaffen Mehrwerte und üben dadurch eine hohe Attraktivität auf die Anwender aus.

Dieses wirtschaftliche Potential wurde von der Unternehmenswelt aufgegriffen, und die Online-Anstrengungen in Anbetracht der Globalisierung, des intensiven Wettbewerbs und der kundengerechten Versorgung von Massenmärkten werden kontinuierlich erhöht. Die Erwartungen an die Portal Sites spiegeln sich in ihren hohen Aktienwerten wieder, und Portale sind zu einem festen Bestandteil im Vertrieb zahlreicher Unternehmen geworden. Das Potential einer erfolgreichen virtuellen Community wird bisher nur von sehr wenigen Initiativen ausgeschöpft, doch es ist abzusehen, daß eine effiziente Organisation dieses Geschäftsmodells Erfolg haben und zu einer ernst zu nehmenden Konkurrenz für klassische Modelle wird. Eine Umkehrung der traditionellen Marktverhältnisse, verursacht durch eine Transformation der Marktmacht von den Anbietern auf die Konsumenten, wird die Folge sein.

Ein Großteil der Anwendungen im WWW besteht aus Informationssuche und Kommunikation. Dieses Übergewicht wird abnehmen, und die Portal Sites der ersten Generation wie Yahoo! zeigen den anhaltenden Trend zur Kommerzialisierung deutlich auf. Kleine Unternehmen, die kein eigenes Netzwerk haben, nutzen das Web als Netzwerk, und Konsumenten beziehen den digitalen Vertrieb als Beschaffungsquelle in ihre Strategien mit ein. Diese Entwicklung integriert alle Nutzergruppen. Eine Gefahr in der Dominanz von Portal und Community Sites im Web besteht darin, daß die ursprüngliche Intention des WWW, nämlich die Verfügung über Informationen jedweder Art in multimedialer und vor allem in objektiver beziehungsweise unbeeinflußter Form, in Frage gestellt wird.

Portal Sites, und in besonderem Maße Community Sites, stecken nach wie vor in ihren Kinderschuhen. Verhaltensänderungen der Anwender und die Dynamik des WWW führen zu einer kontinuierlichen Evolution und einem Wandel dieser Sites. Ungeachtet dessen bleibt die Erkenntnis, daß das WWW ein rasant wachsendes Medium ist, das noch nicht vollständig an die Haushalte und Unternehmen auf der ganzen Welt angepaßt ist. In Anbetracht der Tatsache, daß in den nächsten Jahren weiterhin Millionen von neuen Anwendern mit konventionellen Zugangsmechanismen wie dem PC, oder mit alternativen Mechanismen wie Set-Top-Box in Verbindung mit dem Fernseher online gehen werden, wird es nach wie vor einen Bedarf nach Portal Sites geben, die Informationen, Inhalte und Angebote organisieren beziehungsweise kategorisieren und somit eine gesteigerte Markttransparenz realisieren. Community Sites können aufgrund ihrer Eigenschaften zwischenmenschliche Beziehungen bilden und daraus resultierend eine soziale Nähe entstehen lassen. Sie tragen damit zu der ursprünglich bestimmten Intention des Internets bei: Menschen weltweit miteinander zu verbinden.

Quellenverzeichnis

[BAGE98]   Bager, J.: Citizen Case. Mit der Netscape-Übernahme wird Online-Gigant AOL noch mächtiger. In: c't o.J. (1998) 25, S. 16-17.

[BAGE99]   Bager, J.: Nächste Runde im Portalopoly. In: c't o.J. (1999) 3, S. 34.

[BARR98]   Barrett, A.: The Search for Substance. In: http://sw.expert.com/F/WS1.DEC.98.pdf, Informationsabfrage am 10.10.1999.

[BERN98]   Berners-Lee, T.: Netz des Vertrauens. Das World Wide Web muß verläßlicher und intelligenter werden – fordert sein Erfinder. In: manager magazin 28 (1998) 3, S. 214-222.

[BOWM99]   Bowman, L.: Are Web surfers fleeing portal sites? In: http://www.zdnet.com/zdnn/stories/news/0,4586,2262851,00.html, Erstellungsdatum vom 20.05.1999.

[BUSS99]   Busse, J.: The Next Wave: Hybrid Portals. In: http://www.searchz.com/Articles/0610992.shtml, Informationsabfrage am 10.10.1999.

[CLEM98a]   Clement, M. et al.: Netzeffekte und Kritische Masse. In: Albers, S. et al. (Hrsg.): Marketing mit Interaktiven Medien. Strategien zum Markterfolg. IMK, Frankfurt am Main 1998, S. 81-94.

[CLEM98b]   Clement, M. et al.: Electronic Commerce. In: Albers, S. et al. (Hrsg.): Marketing mit Interaktiven Medien. Strategien zum Markterfolg. IMK, Frankfurt am Main 1998, S. 49-64.

[DVOR98]   Dvorak, J.: This Time It's Personal. In: http://www.zdnet.com/pcmag/insites/dvorak_print/jd980922.htm, Erstellungsdatum vom 6.10.1998.

[FEST99]   Festa, P.: Calendars key to portals' progress. In: http://news.cnet.com/news/0-1005-200-341887.html, Erstellungsdatum vom 30.04.1999.

[GANG99]   Gang, D.: Internet Portals. What Do They Want to Be When They
            Grow Up? In: Lamming, G. et al.: Internet Portals In Europe.
            Goldman Sachs Investment Research, London usw. 1999, S. 71-72.

[HAGE97]   Hagel, J.; Armstrong, A.: Net Gain – Profit im Netz. Märkte erobern
            mit virtuellen Communities. Gabler, Wiesbaden 1997.

[HEIL99]   Heil, B.: Online-Dienste, Portal Sites und elektronische Einkaufs-
            zentren. Wettbewerbsstrategien auf elektronischen Massenmärkten.
            Gabler, Wiesbaden 1999.

[HU98]   Hu, J.: Racing to the start line. In: http://news.cnet.com/news/0-1005-
            201-329262-0.html, Erstellungsdatum vom 14.05.1998.

[JUNG98]   Jung, H.: Allgemeine Betriebswirtschaftslehre. 4. Aufl., Oldenbourg,
            München 1998.

[JUNN99]   Junnarkar, S. et al.: Merchants pay the price for portals. In: http://
            news.cnet.com/news/0-1007-201-342582-0.html,   Erstellungsdatum
            vom 20.05.1999.

[KANE99]   Kanellos, M.: Portal to connect China, U.S. merchants. In: http://
            news.cnet.com/news/0-1007-200-341018.html, Erstellungsdatum vom
            11.04.1999.

[KAWA99]   Kawamoto, D.: Flexibility key to portal-merchant deals. In: http://
            news.cnet.com/news/0-1007-201-342580-0.html,   Erstellungsdatum
            vom 20.05.1999.

[KLEI98]   Klein, S.: The Diffusion of Auctions on the Web. In: Romm, C.;
            Sudweeks, F. (Hrsg.): Doing Business Electronically. A Global
            Perspective of Electronic Commerce. Springer, London 1998, S. 47-
            63.

[KOEH97]   Köhler, T.: Aufbau eines digitalen Vertriebs. In: Thome, R. (Hrsg.); Schinzer, H.: Electronic Commerce. Anwendungsbereiche und Potentiale der digitalen Geschäftsabwicklung. Vahlen, München 1997, S. 41-50.

[KRAF98]   Krafft, M.: Kundenwert und Kundenbindung. In: Albers, S. et al. (Hrsg.): Marketing mit Interaktiven Medien. Strategien zum Markterfolg. IMK, Frankfurt am Main 1998, S. 165-178.

[KRAV99]   Kravatz, H.: Taking Portals Personally: A Design Review. In: http://www.webreview.com/wr/pub/1999/04/30/feature/index2.html, Erstellungsdatum vom 30.04.1999.

[KURI99]   Kuri, J.: Gemischtwarenladen. Kostenlose Dienstleistungen über Portal Sites. In: c't o.J. (1999) 4, S. 122-125.

[LAMM99]   Lamming, G. et al.: Internet Portals In Europe. Goldman Sachs Investment Research, London usw. 1999.

[LAWR98]   Lawrence, E. et al.: Internet Commerce. Digital Models for Business. John Wiley & Sons, New York 1998.

[LEVY99]   Levy, M.: Internet Portals. What Do They Want to Be When They Grow Up? In: Lamming, G. et al.: Internet Portals In Europe. Goldman Sachs Investment Research, London usw. 1999, S. 74-76.

[LIPT98]   Lipton, B.: Content sites as portal competitiors. In: http://news.cnet.com/news/0-1005-201-329199-0.html, Erstellungsdatum vom 14.05.1998.

[LYNC98]   Lynch, J.: Web Portals. In: http://www.zdnet.com/devhead/stories/articles/0,4413,2164175,00.html, Erstellungsdatum vom 12.11.1998.

[MAXW99]   Maxwell, I.; Horowitz, S.: Community Portal Hosting of Free Web-Based E-Mail: A Nonrandom Survey of Community-Oriented Web Sites. In: http://www.isoc.org/inet99/proceedings/3n/3n_2.htm#s1, Informationsabfrage am 10.10.1999.

[MILE99]   Miles, S.; Kanellos, M.: Portals: the new desktop? In: http://news. cnet.com/news/0-1003-200-337564.html, Erstellungsdatum vom 20.01.1999.

[MOOD98]   Moody, F.: Doin' the Portal Rag. In: http://www.abcnews.go.com/ sections/tech/FredMoody/moody981012.html, Erstellungsdatum vom 12.10.1998.

[NIES97]   Nieschlag, R. et al.: Marketing. 18. Aufl., Duncker und Humblot, Berlin 1997.

[O.V.99a]   o. V.: Internet-Statistiken und ihr Wert. In: http://www.intern.de/99/ 16/03.shtml, Informationsabfrage am 10.10.1999.

[O.V.99b]   o. V.: Bis 2003 50% online. In: http://www.intern.de/99/17/23.shtml, Informationsabfrage am 10.10.1999.

[O.V.99c]   o. V.: Elektronischer Handel boomt weiter. In: http://www.intern.de/ 99/12/51.shtml, Informationsabfrage am 10.10.1999.

[O.V.99d]   o. V.: Wo im E-Commerce wirklich Geld verdient wird. Nischenanbieter tun sich oft leichter als die Platzhirsche. In: Computerwoche 26 (1999) 28, S. 25-26.

[O.V.99e]   o. V.: Portale - fauler Zauber? In: http://www.gnn.de/9904/99040809-ji.html, Informationsabfrage am 10.10.1999.

[O.V.99f]   o. V.: Enterprise-Portale setzen Intranet-Gedanken fort. Zugriff auf
             Unternehmensdaten über „My Firma". In: Computerwoche 26 (1999)
             27, S. 25-26.

[O.V.99g]   o. V.: Mehrheit der europäischen Portale hat keine Überlebenschance.
             Studie: Finanzielle Engpässe zwingen zur Aufgabe. In: Computer-
             woche 26 (1999) 30, S. 21.

[PARE99]   Parekh, M. et al.: Internet Portals. What Do They Want to Be When
             They Grow Up? In: Lamming, G. et al.: Internet Portals In Europe.
             Goldman Sachs Investment Research, London usw. 1999, S. 67-81.

[PAUL98]   Paul, C.; Runte, M.: Virtuelle Communities. In: Albers, S. et al.
             (Hrsg.): Marketing mit Interaktiven Medien. Strategien zum Markt-
             erfolg. IMK, Frankfurt am Main 1998, S. 151-164.

[PEAB98]   Peabody, B.: Netzwerk statt Portal Site. In: c't o.J. (1998) 24, S. 38.

[PETE98]   Peters, K.; Clement, M.: Online-Dienste. In: Albers, S. et al. (Hrsg.):
             Marketing mit Interaktiven Medien. Strategien zum Markterfolg.
             IMK, Frankfurt am Main 1998, S. 19-32.

[PETE99]   Peterson, R.: EIGHT INTERNET SEARCH ENGINES COMPARED.
             In: http://www.firstmonday.dk/issues/issue2_2/peterson/, Informa-
             tionsabfrage am 10.10.1999.

[POTZ99]   Potzner, R.: E-Commerce nicht immer von Erfolg gekrönt. In: http://
             194.175.173.244/gfk/presse.php3?zeige=details&id=70, Informations-
             abfrage am 10.10.1999.

[RHEI99]   Rheingold, H.: The Virtual Community: Introduction. In: http://www.
             well.com/user/hlr/vcbook/vcbookintro.html, Informationsabfrage am
             10.10.1999.

[SCHM98]   Schmidt, S.: Talk im Netz. Soziales und Soziologisches im IRC. In: c't o.J. (1998) 6, S. 188-191.

[SCHR98]   Schreiber, G.: Electronic Commerce – Business in digitalen Medien: Geschäftsmodelle – Strategien – Umsetzung. Luchterhand, Neuwied 1998.

[SCOT99]   Scott, K.; Sims, D.: Portal Tipsheet. In: http://www. webreview.com/wr/pub/1999/04/30/feature/tipsheet.html, Erstellungsdatum vom 30.04.1999.

[SKIE98]   Skiera, B.: Auktionen. In: Albers, S. et al. (Hrsg.): Marketing mit Interaktiven Medien. Strategien zum Markterfolg. IMK, Frankfurt am Main 1998, S. 297-310.

[SOOD99]   Sood, R. et al.: Consumer E-Commerce. Profitless Prosperity? In: Lamming, G. et al.: Internet Portals In Europe. Goldman Sachs Investment Research, London usw. 1999, S. 53-66.

[TEUT97]   Teuteberg, F.: Effektives Suchen im World Wide Web: Suchdienste und Suchmethoden. In: Wirtschaftsinformatik 39 (1997) 4, S. 373-383.

[THOM90]   Thome, R.: Wirtschaftliche Informationsverarbeitung. Vahlen, München 1990.

[THOM97]   Thome, R.; Schinzer, H.: Marktüberblick Electronic Commerce. In: Thome, R. (Hrsg.); Schinzer, H.: Electronic Commerce. Anwendungsbereiche und Potentiale der digitalen Geschäftsabwicklung. Vahlen, München 1997, S. 1-17.

[TRAG99]   Trager, L.: Portal Sites Get Very Specific. In: http://www.zdnet.com/ intweek/stories/news/0,4164,403670,00.html, Erstellungsdatum vom 20.05.1999.

[WALK99]   Walker, J.: Consumer E-Commerce. Profitless Prosperity? In: Lamming, G. et al.: Internet Portals in Europe. Goldman Sachs Investment Research, London usw. 1999, S. 58-60.

Abkürzungsverzeichnis

AOL   America Online

BTX   Bildschirmtext

EIP   Enterprise Information Portal

E-Mail   Electronic Mail

ISP   Internet-Service-Provider

MSN   Microsoft Network

MUD   Multi-User-Dungeon

PC   Personal Computer

UPS   United Parcel Service

WWW   World Wide Web

Abbildungsverzeichnis

Tabellenverzeichnis

WWW-Adreßverzeichnis   Stand 10.10.1999

Kapitel 2

@Home	http://www.home.com/
AltaVista	http://www.altavista.com/
Amazon.com	http://www.amazon.com/
AOL.COM	http://www.aol.com/
AOL.COM Community	http://www.aol.com/community/
Apollo 7	http://www.apollo7,de/
ARD	http://www.ard.de/
Bayerischer Rundfunk	http://www.bayerischerrundfunk.de/
BBC Online	http://www.bbc.co.uk/
bellnet	http://www.bellnet.com/
British Medical Journal	http://www.bmj.com/
BusinessWeek Online	http://www.businessweek.com/
BUY.COM	http://www.buy.com/
CBS.SportsLine.com	http://www.sportsline.com/
CNET Gamecenter.com	http://www.gamecenter.com/
CNN.com	http://www.cnn.com/
comdirect bank online	http://www.comdirect.de/
Dell Computer	http://www.dell.com/
Deutsche Bank 24	http://www.deutsche-bank-24.de/
DINO-Online	http://www.dino-online.de/
Disney.com	http://www.disney.com/
Dogpile	http://www.dogpile.com/
DSF SportsWorld	http://www.dsf.de/
eBay	http://www.ebay.com/
eToys	http://www.etoys.com/
Eurobid	http://www.eurobid.com/
Eurosport.com	http://www.eurosport.com/
Excite	http://www.excite.com/
Fireball	http://www.fireball.de/
Formula1.com	http://www.formula1.com/
freeserve	http://www.freeserve.com/

ft.com (Financial Times)	http://www.ft.com/
Global Message Exchange	http://www.gmx.de/
Gruppe Deutsche Börse	http://www.exchange.de/
Hot 100	http://www.hot100.com/
HotBot	http://www.hotbot.com/
Hotmail	http://www.hotmail.com/
ICQ	http://www.icq.com/
Infoseek	http://infoseek.go.com/
Intel	http://www.intel.com/
Lufthansa	http://www.lufthansa.com/
Lycos	http://www.lycos.com/
Macintosh News Network	http://www.macnn.com/
Magellan	http://magellan.excite.com/
MAN Group	http://www.man.de/
Max-Planck-Gesellschaft	http://www.mpg.de/
Medscape	http://www.medscape.com/
Men's Health	http://www.menshealth.com/
MetaCrawler	http://www.go2net.com/
MetaGer	http://meta.rrzn.uni-hannover.de/
MINITEL FR	http://www.minitel.fr/
MobilCom	http://www.mobilcom.de/
MSNBC Cover	http://www.msnbc.com/
MTV ONLINE	http://www.mtv.com/
my-world (KARSTADT)	http://www.my-world.de/
NASA	http://www.nasa.gov/
Netcenter	http://www.netcenter.com/
Netsearch	http://www.netsearch.com/
n-tv online	http://www.n-tv.de/
PRIMESEARCH	http://www.primesearch.com/
ProFusion	http://www.profusion.com/
QXL	http://www.qxl.com/
ran-online	http://www.ran.de/
Reuters Group PLC	http://www.reuters.com/
ricardo.de	http://www.ricardo.de/

Rocketmail	http://www.rocketmail.com/
shopping24	http://www.shopping24.de/
SPIEGEL ONLINE	http://www.spiegel.de/
tagesschau	http://www.tagesschau.de/
TelDa.Net	http://www.telda.net/
The Web 100	http://www.web100.com/
ThriveOnline	http://www.thriveonline.com/
T-Online	http://www.t-online.de/
TV Spielfilm Networld	http://www.tvspielfilm.de/
Universität Würzburg	http://www.uni-wuerzburg.de/
UPS	http://www.ups.com/
VOITH	http://www.voith.de/
WEB.DE	http://www.web.de/
Yahoo!	http://www.yahoo.com/
Yahoo! Clubs	http://www.clubs.yahoo.com/

Kapitel 3

@griculture Online	http://www.agriculture.com/
@Hypertonie	http://www.hypertonie.com/
4therecord.com	http://www.4therecord.com/
American Chemical Society	http://www.acs.org/
American Lawyer Media	http://www.americanlawyer.com/
AngelArt	http://angelart-gallery.com/
AsianAvenue.com	http://www.asianavenue.com/
BioSpace.com	http://www.biospace.com/
bizcity	http://www.bizcity.de/
cabana	http://www.cabana.net/
CBS.SportsLine.com	http://www.sportsline.com/
Chemical Online	http://www.chemicalonline.com/
CHRISTIANITY ONLINE	http://www.christianity.net/
Cincinnati.Com	http://www.cincinnati.com/
Cruise Travel Network	http://www.cruisetravel.com/
Cybertown	http://www.cybertown.com/
Digital Camera Resource	http://www.dcresource.com/

ESPN Fantasy Games	http://games.espn.go.com/
E*TRADE	http://www.etrade.com/
Fool.com	http://www.fool.com/
Fortune City	http://www.fortunecity.com/
FRAUENPOOL.DE	http://www.frauenpool.de/
frauenweb.at	http://www.frauenweb.at/
Fun Online	http://www.funonline.de/
GARUM.COM	http://www.garum.com/
HISPANIC Online	http://www.hisp.com/
Institute of Petroleum	http://www.petroleum.co.uk/
Internet Society	http://www.isoc.org/
IslamiCity	http://www.islamicity.com/
Jewish Religion	http://www.bsz.org/
Land of Legends MUD	http://www.legendz.com/
Mail & Guardian	http://www.mg.co.za/
MapQuest.com	http://www.mapquest.com/
MedForum	http://www.lifeline.com/
MEDLINE	http://medline.cos.com/
mellige.ch	http://www.mellige.ch/
Miami	http://miami.vcn.net/citizen/
Music.com	http://www.music.com/
NetNoir	http://www.netnoir.com/
Oil and Gas Online	http://www.oilandgasonline.com/
OnHealth	http://www.onhealth.com/
Orientation Africa	http://af.orientation.com/
ParentsPlace.com	http://www.parentsplace.com/
Policy.com	http://www.policy.com/
puk	http://www.puk.de/
Rock Hard Online	http://www.rockhard.de/
SeniorNet	http://www.seniornet.com/
Skating.com	http://www.skating.com/
South East England Tourist	http://www.seetb.org.uk/
Teen.com	http://www.teen.com/
theglobe.com	http://www.theglobe.com/

The Park Community   http://www.the-park.com/
The Virtual Garment Center   http://www.spacelab.net/~garment/
The Virtual Tourist   http://www.vtourist.com/
The World Revolution   http://www.worldrevolution.org/
Tiefenrausch   http://www.tiefenrausch.de/
Virtual Derbyshire   http://www.derbyshire.com/
Virtual Ireland   http://www.virtualireland.com/
Virtual New York   http://www.vny.com/
Virtual Russians   http://russia.virtualcomm.com/
Water Online   http://www.wateronline.com/
Women.com Network   http://www.women.com/
XOOM.COM   http://www.xoom.com/

Kapitel 4

3Com   http://www.3com.com/
BUY.COM   http://www.buy.com/
Cisco Systems   http://www.cisco.com/
Dell Computer   http://www.dell.com/
Intel   http://www.intel.com/
Mannheim Internetional   http://www.mannheim.de/
MeetChina.Com   http://www.meetchina.com/
mySAP.com   http://www.mysap.com/
Priceline.com   http://www.priceline.com/
SAP   http://www.sap.com/
Tradehall   http://www.tradehall.com/

Kapitel 5

Hot 100   http://www.hot100.com/
MailCity   http://www.mailcity.lycos.com/
The Web 100   http://www.web100.com/
Tripod   http://www.tripod.com/
Yahoo! Online   http://www.yahoo.de/docs/yahoo-
                              online/infoseiten/

Anhang

Beispiele vertikaler Ausrichtung von Portal Sites

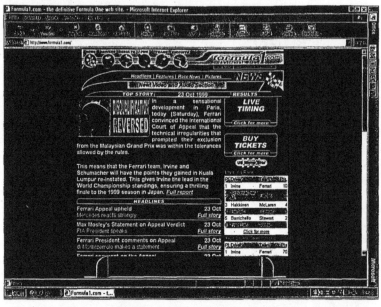

Abbildung 1: Vertikale Portal Site. Vergleiche: < http://www.formula1.com/ >.

Abbildung 2: Vertikale Portal Site. Vergleiche: < http://www.ft.com/ >.

Beispiele horizontaler Ausrichtung von Portal Sites

Abbildung 3: Horizontale Portal Site. Vergleiche: < http://www.yahoo.com/ >.

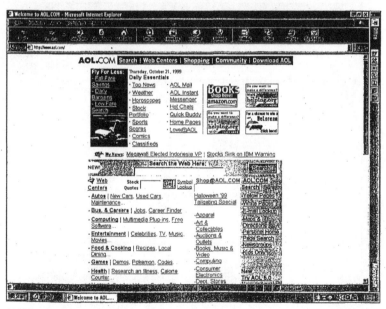

Abbildung 4: Horizontale Portal Site. Vergleiche: < http://www.aol.com/ >.

Beispiele horizontaler Ausrichtung von Portal Sites

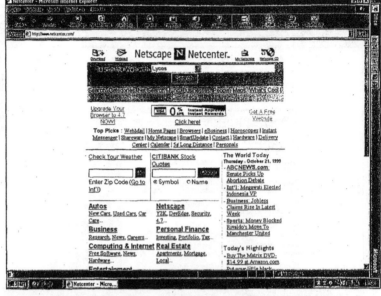

Abbildung 5: Horizontale Portal Site. Vergleiche: < http://www.netcenter.com/ >.

Abbildung 6: Horizontale Portal Site. Vergleiche: < http://www.excite.com/ >.

Anmeldung in einer virtuellen Community

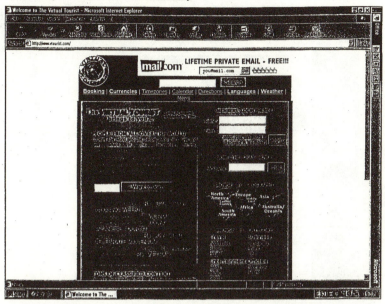

Abbildung 7: Anmeldung auf einer Community Site. Vergleiche: < http://www.vtourist.com/ >.

Beispiel einer konsumentenorientierten Community Site

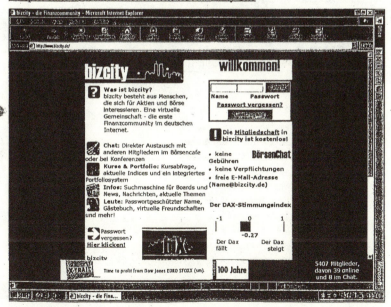

Abbildung 8: Konsumentenorientierte Community Site. Vergleiche: < http://www.bizcity.de/ >.

Beispiel einer unternehmensorientierten Community Site

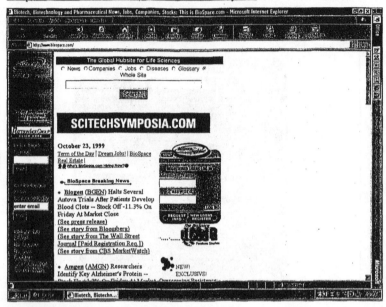

Abbildung 9: Unternehmensorientierte Community Site. Vergleiche: < http://www.biospace.com/ >.

Staatliche Administration im WWW

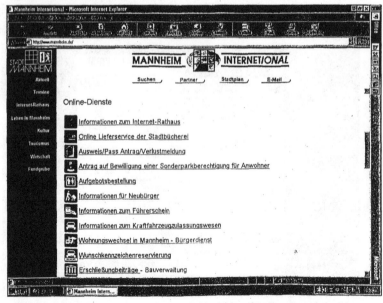

Abbildung 10: Staatliche Administration im WWW. Vergleiche: < http://www.mannheim.de/ >.

Registrierung in einer Online-Handelsgemeinschaft

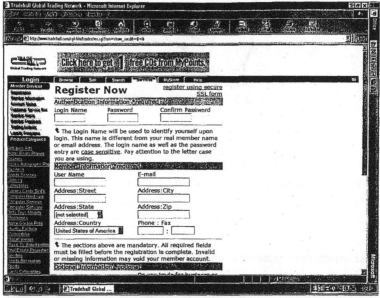

Abbildung 11: Registrierung in einer Online-Handelsgemeinschaft.
Vergleiche: < http://www.tradehall.com/cgi-bin/trader/ms.cgi?run=show_svc&fl=8<b >.

Nachfragesystem von Priceline.com

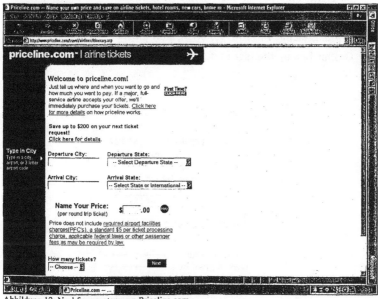

Abbildung 12: Nachfragesystem von Priceline.com.
Vergleiche: < http://www.priceline.com/travel/airlines/itinerary.asp >.

Diplomarbeiten Agentur

Die Diplomarbeiten Agentur vermarktet seit 1996 erfolgreich
Wirtschaftsstudien, Diplomarbeiten, Magisterarbeiten, Dissertationen
und andere Studienabschlußarbeiten aller Fachbereiche und Hochschulen.

Seriosität, Professionalität und Exklusivität prägen unsere Leistungen:

- Kostenlose Aufnahme der Arbeiten in unser Lieferprogramm
- Faire Beteiligung an den Verkaufserlösen
- Autorinnen und Autoren können den Verkaufspreis selber festlegen
- Effizientes Marketing über viele Distributionskanäle
- Präsenz im Internet unter **http://www.diplom.de**
- Umfangreiches Angebot von mehreren tausend Arbeiten
- Großer Bekanntheitsgrad durch Fernsehen, Hörfunk und Printmedien

Setzen Sie sich mit uns in Verbindung:

***Diplomarbeiten* Agentur**
Dipl. Kfm. Dipl. Hdl. Björn Bedey —
Dipl. Wi.-Ing. Martin Haschke ——
und Guido Meyer GbR ———

Hermannstal 119 k ———
22119 Hamburg ———

Fon: 040 / 655 99 20 ———
Fax: 040 / 655 99 222 ———

agentur@diplom.de ———
www.diplom.de ———